將最古老的智慧
用最自然生態來詮釋《易經》的哲學

宇宙間的符號

將難經雙為易經

第三輯

第一輯附易經原文

太乙(天易) 主講

錫淵筆錄編著

用易簡全新思維
帶你打開《易經》五千年來神秘面紗

國家圖書館出版品預行編目資料

宇宙間的符號/將難經變為易經(三) 太乙作　初版
初版. 臺南市：易林堂文化，2017.04 -
　冊；　　公分
　ISBN　978-986-89742-8-9(第三冊:)平裝
　ISBN　978-986-89742-9-6(第四冊:)平裝
　1. 易經　2.易學　3.研究考訂
121.17　　　　　　　　　　　　106003242

宇宙間的符號/將難經變為易經(三)

作　　　者／太乙(天易)
筆錄編著／蕭錫淵
總 校 稿／太乙
總 編 輯／杜佩穗
執行編輯／王彩鸞
發 行 人／楊貴美
發 行 者／易林堂文化事業
出 版 者／易林堂文化事業
地　　　址／台南市中華南路一段186巷2號
電　　　話／(06)2130327　傳　　真／(06)2130812
郵局帳號：局號 0031204　帳號 0571561　戶名：楊貴美
電子信箱／toosg3215@gmail.com
2017年 4 月 15 日 初版

總 經 銷／紅螞蟻圖書有限公司
地　　　址／台北市內湖區舊宗路二段121巷28號4樓
網　　　站／www.e-redant.com
郵撥帳號／1604621-1 紅螞蟻圖書有限公司
電　　　話／(02)27953656　傳　　真／(02)27954100
定價單冊：396元

宇宙間的符號　目　錄

讀破千經萬典不如明師指點

　　《易經》是中國文化最古老的典籍，始於伏羲，民觀象於天，觀法於地與鳥獸之，於是進取諸身，遠取諸物，而作八卦初只有圖象而無文字，古稱「無字天書」，上古之人作為卜筮之用，到了離圖之際，經文王之整理與註述把它由卜筮的範圍普入「天人之際，即學術領域」，後經孔子探賾索隱，鉤深致遠、彰往察來、闡幽開明而備，旋散為諸子百家思想之源泉，乃至唐宋以後儒、佛、道家之匯流，故《易經》被推為「羣經之首」、「萬經之王」，然因其文義晦澀難懂，學者每因窮一生精力，多難登堂入室而窺其宗廟之美，故被冠以「難經」突不為過也。

　　《易經》是中國古聖先儒智慧極完整地對應自然、人群，自我的理論體系，贊述成為彌論天地、四時、日月，至德的宇宙論與倫理觀。儒家咸認讀書人除要培養品德外，更要把知識應用出來，貢獻社會，此即「經世致用」。太乙老師浸淫五術學問數十年不輟，孜孜矻矻，腦藏萬卷，學以載道，融通所學，以口語新方法及平常淺顯流暢的文字表達方式或用於講學授課，或用於編撰叢書如「八字時空洩天機」叢書是經《易經》日月之變化、運用十天干及十二地支

淋漓盡致地顯現表達，頗有朱熹觀書有感：「半畝方塘一鑑開，天光雲影共徘徊，問渠那得清如許，為有源頭活水來」神韻生動，言之有物，淺顯易懂，馬上能應用於日常生活之功。

　　太乙老師近著「將難經變為易經」即將定稿，命余寫序，余雖自知才疏淺力有未逮，但有鑑於坊間五術叢書車載斗量，不可勝數，其由彌高至能無師自通者，微太乙老師之著作叢書能光傳道、授業、解惑之大也，是不揣自陋擅越分寸剖陳拙見，謹存於前賢同好以師代序。

　　　　　　　　　　　　學生　王碧堂　謹識
　　　　　　　　　　　　106 年 3 月 1 日

前 言

依天才能得日月四時之陰，奉元始可另闢天，《易經》符合天地的偉大，具備天地的智慧與仁德，是一部有字「天書」。

乾卦象曰：大哉乾元、萬物資始、乃統天。雲行雨施、品物流行、大明終始、六位時成、時乘六龍以御天。乾道變化、各正性命、保合太和、乃利貞。首出庶物、萬國咸寧。

開天闢地、自然秩序、乾先坤後。乾元：是一切創造的源頭，有了「乾元」，宇宙人生就有一個可以開創一切的根源，宇宙人生一切的存在，一定有一個能量無窮的創造源頭，宇宙的本體或生命的根源，生天、生地、生人、生萬物，有山河、大地、山川險阻，血脈、五臟、六腑。這就是所謂的乾坤定位、天地造物的自然法則。

「乾」卦，講天理、講自然那樣周轉不息。「乾」卦：天理的指導，「坤」卦：務實的實踐。「坤」卦是實踐乾卦的天理、自然的規律，務實的實踐非常的重要，計畫執行都井然有序。「乾剛、坤柔」者，可以代表

陰陽、強弱，以及生滅的道理，非只有剛柔之屬性。生者，是陽六爻全陽，代表陽能含有陽氣的執行力；滅者，因坤全為陰爻，代表柔靜的等待，無中生有，又從有到滅，週流不息。

「乾」也代表白天，而「坤」則為晚上，乾是事情的開始，坤則是事件的終止，所以「乾剛、坤柔」，可以代表事物的生與滅，是從有變成無，又從無變成有，世間道理何嘗不是如此。

「乾剛、坤柔」言萬物的生滅，而「比樂、師憂」則是人情事故之生滅，在高興時就結合為友，此即比樂之意，當利益有所衝突，兩者爭強分離，又變成師憂，所以兩者情性的起伏，春秋戰國稱比為「衣裳之會」，師憂則為「兵車之會」，世間人事地物，往往是反反覆覆，是完全無法定位的。

「臨觀之義或與或求」則是同樣的一件事物，站在不同的角度、立場，其看法、思維、心態的比擬，換了位置，換了腦袋，人世間一切是是非非無不是如此，所以才有乾剛、坤柔；比樂師憂；臨觀之義或與或求……，因此整部《易經》是一套人生劇本。

上經講天道到人道、下經講人道返回天道,下經以咸卦來開場講七情六慾。飲男女人之大欲存焉,這是在自然不過的事。感情的世界先是咸、恒,而咸恒二卦跟損益二卦的關係非常密切,不只是交卦還是錯卦。由少男少女的熱戀,進入老夫老妻的平淡,損益撇開感情的負面羈絆。澤山咸:純淨就像山上的澤水,沒有塵世的汙染。上下內外對調就是山澤損,損了情慾包袱;雷風恒,天長地久,夫妻用心,其利斷金就是風雷益。

佛教心經:

色不異空、空不異色、色即是空、空即是色、受想行識亦復如是……。如果只看到色相而無法跳脫,食與色的問題、男歡女愛癲狂與癡迷,還有太多的我執的糾結,追求永恆才是天地不變之道。

澤山咸卦䷞,兌上艮下;「天地感而萬物化生,聖人感人心而天下和平。觀其所感,而天地萬物之情可見矣!」感情出自於內心的真誠、無心的交感,沒有對價的關係。

雷風恆卦䷟,震上巽下:「恆、久也。剛上而柔下,雷風相與;巽而動,剛柔皆應,恒。」將咸卦

倒過來，成為恆卦。序卦傳：「夫婦之道，不可以不久也，故受之以恆，恆者久也。」紅塵俗世中悟道，當柔則柔，應剛則剛；夫婦之道，也是為人處世的大道理，夫婦之道，春夏秋冬、四季循環、元亨利貞、長長久久、愛也恆也。

蕭錫淵、蕭大哥所付出的時間成本，

是無法用金錢對價來衡量

　　「宇宙間的符號：將難經變為《易經》」的課程，是在台南市生活美學館長青大學 104 年起的授課，歷經 2 年的築基，由乾卦：初九：「潛龍勿用」，進之為九二：「見龍在田、利見大人」。由「潛龍」到「見龍 」，也代表一個深藏在內在的東西，由「潛龍勿用」驗証親証，到「見龍在田」的公諸於世；乾為天，生生不息的功能，是偉大光明的宇宙，由開始到終了的原動力，隨著時間由潛伏、顯現、成長、耀動、飛騰到滿盈。

元亨利貞；元：種子萌芽……

　　　　　亨：生長……

　　　　　利：開花……

　　　　　貞：結果……

象曰：天行健、君子以自彊不息。

乾：暢所欲言，不修邊幅，坤：務實的實踐，撰稿編纂，一切編著井然有序；乾資始，坤資生，德合无彊、含弘光大、品物咸亨。任何事物若要永續經營，除了乾卦創造、開發、精進、自彊不息，無限的開拓力量外，還要有坤卦的含章可貞，責任分工、分架構、分次序、分順逆，地道光也。

　　蕭錫淵、蕭大哥，從坤卦地道的包容、黃中通理，美之至也，使「將難經變為易經」這本書籍成為直、方、大，美在其中。文言曰：「坤至柔而動也剛，至靜而德方，後得主而有常，含萬物而化光。坤道其順乎！承天而時行」。蕭大哥直其正、方其義，進之為雷火豐☳☲，序卦傳說：「得其所歸者必大，故受之以豐，豐者大也」，這是說：眾望所歸的人，必然盛大，盛大，就是亨通，蕭錫淵、蕭大哥就是如此。

　　每堂兩小時的授課分享，蕭錫淵、蕭大哥用心的筆錄整理編著，每堂課卻要付出 18 個小時以上的時間、精神，犧牲了休息，融入了心得重整、文字添加，所付出的時間成本，是無法用金錢對價來衡量，蕭大哥的辛苦，讓各位親愛的同學、讀者，享受豐盛的成果，備感用心良苦，再度的感謝！

　　蕭大哥謝謝您，您辛苦了。

　　了解《易經》的始未，有來有往、有進有退、有常有變、有吉有凶、不可為典要。依天才能得日月之蔭，奉元始可另闢天，《易經》是學無止境，了解《易經》文化的核心智慧「安身立命」，《易經》符合天地的偉大，具備天地的智慧與仁德，透過陰▬▬陽▬的組合及符號、天干、地支與形象，360 度的天道循環順逆，是一部有字「天書」。用最生活化，最自然的論點來學習，快樂的學習，希望各位朋友、同學帶著快樂的心，將《易經》用之於生活，學易有成。

中華民國 106 年 2 月 10 日
歲次丁酉年立春後 7 日壬寅月戊辰日丁巳時
太乙(天易)謹筆

導　讀

宇宙間的符號：

　　《易經》是大自然、天文和氣象變化的記載，殷時候君王應用為統治、施政之用，百姓用為生活占卜之寶典；在《易經》的卦象符號中是以陰陽為主，陰用「▬▬」表示，陽用「▬」表示；八卦組合成重卦為六十四卦就是以這兩種的陰陽符號重疊組合而成的。在「陽」與「陰」的體系中象徵範圍非常廣泛，這兩個符號可以分別比喻成宇宙大自然一切「界、門、綱、目、科、屬、種」，及人類生活中的一切對應的現象，如天地、日月、潮汐、男女、夫妻、晝夜、水火、輸贏、東西、南北、上下……等，乃至於科技中的陽電為「正」、陰電為「負」，電腦位元１與０的起源，亦符合《易經》陰陽概念，所以陰與陽為宇宙間的符號。

一.八卦形成：

　　八卦的名稱是透過中國的自然地形、地物之景象分方位形象命名，以一連為陽(▬)，一斷為陰(▬▬)，以此陰陽符號三疊成的八種三畫卦象，稱之為「八卦」。八卦各有一定的卦象、卦名、代表之屬性等，八卦分為先天八卦與後天八卦；從宇宙間大自然的觀

點來看先後天八卦，可分為二種定律：

1. 當宇宙萬物未形成之前，即是所謂的「先天」，當宇宙萬物形成後，就是所謂的「後天」。

2. 可定性與不可定性，即是已知的，如現有的山川景象物為之「先天」；即是未知的、可變性的，如改變之後或人工改變的，或因時間、季節、方位而改變的稱之「後天」。是一種前後界定及區分的陰陽代表，所以已知為先天，未知為後天。

　　所以先天八卦是宇宙形成不變的大現象，例如：天、地，日、月，雷、風，山、澤。先天八卦中乾卦☰代表天，代表宇宙間的一切能量，在地球上或在太空中，只要仰頭一看，廣大的天空無法衡量，即是大到無外，沒有邊界。

　　坤卦☷為地，廣大的土地，承載了無數億億萬萬兆兆京垓的生物、動物、植物、人類及一切「界、門、綱、目、科、屬、種」，這就是坤為地。

　　離卦☲代表太陽、能量、光明、溫度，及一切美麗、亮麗的物象；坎卦☵代表月亮，水資源、水生物、智慧、財富。

震卦☳代表雷、聲波、音效、閃電、震動,生命的律動、行動能源大自然震動;巽卦☴代表風、氣流、傳播、資訊、空氣,與震卦的雷產生陰陽律動,地動山搖氣場的現象。

艮卦☶代表高山、峻嶺、磐石,穩定震木之根基;兌卦☱代表水聚的沼澤、湖泊、水庫、雲霧、震巽木的結晶果實。此為宇宙大自然現象的八大類。

後天八卦會隨著時間、季節、方位、人為因素而改變,雖然仍同屬於八個符號,但是內涵架構已完全不同,位置也改變為人類生活的習性、法則。先天是自然現象的定位表達,但後天八卦的主軸,是應用於生活及特定的功效作用,亦可說是宇宙變化的運用法則。所以常言:「先天為體,後天為用」,用在人類生活一切規律現象。

二.六十四卦的形成:

將陰陽符號組合而成八卦,再將八卦兩兩重疊,即成六十四種不相同的卦象,也是生活上不同的六十四種對應關係。六十四卦中除了原有的乾、兌、離、震、巽、坎、艮、坤,仍以原有卦名表達外,其餘五十六組各有其卦名。六十四卦的卦象主要是說明六十

四種事物的現象形態，亦是當時的生活人文背景與大自然互動的形態，例如水火既濟卦䷾，水有火能量的資助，得財、得氣、得貴，水儲存了火的溫度，把財變大；火水未濟卦䷿，火遇水的破壞，損了財、損了身體，稱之未濟。其它各卦都各有互動交媾的變化，而且每一個卦陰陽爻交互位移變化，亦可重新組卦解讀出各種事物推演的發展過程。

六十四卦的編排形成：

　　六十四卦的組合形成亦可從三爻解釋現象，陰陽爻亦有爻象互動位移的完整體系，六十四卦每卦用六爻來解析，爻象可用三爻卦解釋，傳統都從爻變的陽變陰、陰變陽，來解釋爻象的變化。

　　1. 六十四卦排序自上經乾、坤開始，結束坎、離；下經由咸、恆開始，終於既濟及未濟，這是六十四卦創始的聖人，以這六十四種排序來說明宇宙間萬物的產生的發展過程，這是聖人結合天地四時的智慧、此已成了百姓的生活規律。在此擷錄朱熹的「周易本義」中載「六十四卦名次序歌」，包括上經及下經的六十四卦名，以方便讀者熟記。

　　　　乾坤屯蒙需訟師，比小畜兮履泰否。
　　　　同人大有謙豫隨，蠱臨觀兮噬嗑賁。

剝復无妄大畜頤，大過坎離三十備。

咸恆遯兮及大壯，晉與明夷家人睽。

蹇解損益夬姤萃，升困井革鼎震繼。

艮漸歸妹豐旅巽，兌渙節兮中孚至。

小過既濟兼未濟，是為下經三十四。

此六十四卦名次序歌後來有學者把它套入「安平追想曲」，旋律活潑生動。

2. 相鄰的上下兩卦，在排序上有二種情形。

第一種情形：上經第一卦的如乾為天卦☰☰與第二卦坤為地卦☷☷為陰陽相錯，即乾卦六爻倒置一樣是乾，所以必須用陰陽相錯，就是乾卦的陽爻全部變為陰爻（陰變陽、陽變陰），就成為第二卦的坤為地☷☷，這種組合在六十四卦序中有八個卦，上經除了乾、坤二卦以外還有山雷頤卦☶☳、澤風大過卦☱☴、坎為水卦☵☵、離為火卦☲☲、共六卦；下經只有二卦風澤中孚卦☴☱、雷山小過卦☳☶等共八個卦，此六爻互為交變，位置相同的卦位，陰陽互變，如乾為天卦☰☰跟著坤為地卦☷☷就是陰陽互變的變化，又如山雷頤卦☶☳六個爻，同位置陰陽互變，就成為澤風大過卦☱☴，此種陰陽互變稱為「錯卦」。

第二種情形：上下相鄰的兩卦來看，卦象出現上

下完全倒置(稱綜卦)，例如：第三卦的水雷屯卦☵☳的相鄰山水蒙卦☶☵，水雷屯的上卦為坎、下卦為雷，倒置之後成為第四卦的山水蒙卦☶☵，水雷屯卦☵☳原本初爻變成蒙卦上爻、原二爻變成五爻、原三爻變成四爻、原四爻變成三爻、原五爻變成二爻、原上爻變成初爻，也就是原有的卦完全顛倒過來。第五卦的☵☰水天需卦和第六卦的天水訟卦☰☵也是這現象，這種顛倒現象在解讀卦象稱「綜卦」。所以在六十四卦序中，每兩個卦組當中就有前述錯卦及綜卦二種變化排法。

三.卦的時、義、位：

　　在《易經》的六十四卦，每個卦象卦都各有意涵，象徵某一事物現象的開始、時間、意義、所處的位置、狀況變化及後續發展的過程。而這種固定情況會有這此意涵的存在，就稱為「時、義、位」。

　　六十四卦可表示大自然的六十四種「時、義、位」，也可說六十四種人生不同的遭遇情況，從不同角度切入，來比喻大自然六十四種現象因由事理，例如：「乾為天」，象徵時機已到，必須自彊不息，努力行動，才能獲得；「坤為地」，象徵配合乾卦來落實，以包容取代抱怨，厚得載物；「風山漸」，象徵循次漸

進，不可操之過急，必有一番大作為。也因此每卦的六爻位移變化，均是針對事情的「事項、機會、情形」，因此不能忽略這卦的「時、義、位」的法則。

四. 爻的時、義、位：

　　八卦中每卦都由三劃陰陽組合而成的，六十四卦中再由八卦兩兩組合成六劃卦，每卦有六爻，分別於由下往上的不同階段。

　　初為種子萌芽之階段、二為成長展露頭角、三為長成有所成就、四為開花，此時最怕遇到外在的狂風暴雨、五為圓滿達成結果、上為碩果不食，局勢已定功成身退；亦是六種不同高低的階級，以現今的社會型態來分六個爻的時義位時，初爻為基層之百姓、民眾，二爻為小團體的組長、會長，三爻為組織的經理、理事長，四爻為執行長、總經理，五爻為老闆、董事長、領導人，上爻為顧問、理監事、智囊團。整個六爻的時、義、位也象徵事情發展過程中所處的位置或上或下、或高或低的身分、地位、及不同的意義條件，所以這六爻分處於六個不同時位，稱為爻位，爻序自下而上，依序如一爻、二爻、三爻、四爻、五爻、六爻。

　　六個不同爻位由下往上，一爻為開始，重視時位，如同開始之初會擇個好日子，為有好的開始，所以一爻定位為初，中間為過程(二、三、四、五爻)，第六爻在意其結果，以上代表，故稱之為上。依序排列，分陽爻「▬」以九代表，及陰爻「▬▬」以六代表，所以《易經》三百八十四爻都是以「九」代表陽 ▬，以「六」代表陰 ▬▬。

如天火同人卦☰☲：
上九 ▬（上爻）、九五 ▬（五爻）、九四 ▬（四爻）、九三 ▬（三爻）、六二 ▬▬（二爻）、初九 ▬（初爻）。

水地比卦☵☷：
上六 ▬▬（上爻）、九五 ▬（五爻）、六四 ▬▬（四爻）、六三 ▬▬（三爻）、六二 ▬▬（二爻）、初六 ▬▬（初爻）。

雷火豐卦☳☲：
上六 ▬▬（上爻）、六五 ▬▬（五爻）、九四 ▬（四爻）、九三 ▬（三爻）、六二 ▬▬（二爻）、初九 ▬（初爻）。

　　所以爻的位階定位不明，便無法解釋《易經》的卦爻、辭及時、義、位的結果論。至於為何由下往上，從初、二、三、四、五、上的排列，因天地的規律，

萬物的成長皆有由下往上、由小而大、由基層築基往上升,亦因六個爻基本架構各有不同。

初爻位於最下的位置,象徵事物之初、開始發生,還沒有達到突顯的機會,因此,主要是「潛藏勿用,陽在下也」。

往上的第二爻象徵初露頭角,已經具備了實力,「見龍在田,利見大人」,把握時機,粉墨登場。

第三爻象徵事業功名小有所成,要小心謹慎防凶,時時警惕反省,奮鬥不懈,「君子終日乾乾,夕惕若厲,无咎」。

第四爻是象徵事物已進入另一階段層次,「或躍、在淵、進无咎」,無論如何一定要往前,勢以待機而動,提高警覺、掌握時機,才不會誤判事物狀況。

第五位象徵事物圓滿達成,已有大成,要制定規章、責任分工,權利才能穩定,不可驕態橫行,應該禮賢下士。

第六爻就是上爻,表示萬事萬物到此已是退位之時,通常是象徵時機已過,必須持盈保泰,此乃旺極

而衰，終究是物極必反的，如不退持續而進，就有牢獄之災。

　　六爻時義位如以樹的成長階段，初爻為根、二爻為苗、三爻為幹、四爻為花、五爻為果、上爻為籽，當然六爻可套入不同的組織架構、事項而有不同的類化解讀。

五.三才組織架構：

　　說卦傳第二章，「是以立天之道，曰陰與陽；立地之道，曰柔與剛；立人之道，曰仁與義；兼三才而兩之，故易六畫而成卦」。三才者就是天、地、人。把六爻位每兩個為一組，共分為三組，處於天、地之間，因此在六十四卦的六爻中，初、二兩爻象徵「地」，三、四兩爻象徵「人」，五、上兩爻象徵「天」。天講陰陽；地講柔與剛，柔者為平地，剛者高山峻嶺；人講仁與義，「分陰分陽，迭用柔剛，故易六位而成章。」如果以八卦的三畫卦，初爻象徵地，中爻為人，上爻為天。

六.八卦正位：

　　八卦陽卦為乾父☰，3爻純陽，正位在中；震長男☳，正位在初；坎中男☵，正位在中，艮少男☶，正位在上。八卦陰卦為坤☷母，3爻純陰，正位在中；

巽長女☴，正位在初；離中女☲，正位在中，兌少女☱，正位在上。所以以六爻卦來區分，八卦的正位即為水火既濟卦☵☲剛好符合八卦之正位，水火既濟卦☵☲，初爻為震☳之正位屬陽、二爻為坤☷離☲之正位屬陰、三爻為艮☶之正位屬陽、四爻為巽☴之正位屬陰、五爻為乾☰坎☵之正位屬陽、上爻為兌☱之正位屬陰。

七.六爻位的正位：

六爻位次序可分陰與陽、奇數與偶數，初、三、五爻為奇數，屬陽位，二、四、上爻為偶數，屬陰位。《易經》六十四卦共有三百八十四爻，凡是陽爻居陽位(初、三、五)，陰爻居陰位(二、四、上)均屬「當位」(或稱當位、得正)，凡是陽爻居陰位或陰爻居陽位，均稱「不當位」(或稱失位、不得正)。

凡得「當位」之爻，象徵事物進展過程是遵循「大自然軌道」，「不當正」之爻，象徵違背「大自然軌道」，逆時而行。但是「當位」、「不當位」不是代表吉凶過程的準則，因為各爻因所處的「時、義、位」或進展的趨勢組合過程，有時「得正」的爻會趨於「不正位」之差，「不當位」之爻也有轉化成「當位」，此乃陽居陰位剛柔既濟，陰居陽位而不會懦弱畏事。因此陽居

陽位「得正」有時要防過剛而損，陰居陰位「得正位」有時防憂柔寡斷而失。所以在實際的運用上，仍應參考爻位上的三劃卦及一切進展的過程而定其吉凶。

八.得中之位：

六爻的次序，由下而上，下卦第二爻是內卦之中位，上卦第五爻是外卦中位，此兩個位置都象徵守持中庸之道，不偏不倚，萬事萬物在合符時勢的發展中，《易經》中稱之為「中位」或為「得中」。

凡事陽爻居中位，九五具備剛健「中正之德」；陰爻居中位，六二具備柔順「中正之德」。如果陰爻居下卦第二位，陽爻居上卦第五位，就是所謂「既中且正」，稱為「中正」，在《易經》中表示是最完美之象。得「中」比得「正」還好，也就是說得「中位」之爻與得「正位」之爻相比，得「中位」是優於得「正位」。在六爻中以第二爻及第五爻居中位又陽居陽、陰居陰時，其品德、才能、地位三者兼備，凡事較多順利，但是也不代表六爻中「得正位」未必都是吉象，還是以當時的事項進展為主。

九.內卦與外卦：

六十四卦中，都是由上、下兩個卦相重所組成的

六劃卦,在下卦的卦稱之內卦或下卦或貞卦,也是為客體之對應卦是事項的內部、內在,為客體,也為事項的結果論。凡是在上卦的八卦符號稱為外卦或上卦或悔卦,也是為主體、事項的開始對應之卦。兩個單獨的卦(三爻卦)俗稱為「小成卦」,上、下兩卦相重疊後,俗稱「大成卦」,是事項的主因、主體,到達一個結果論,所以「大成卦」是開始、過程到結果的一切表象。

十.比鄰:

　　相鄰的兩爻稱之「比鄰」相比,如果上爻為陽爻;下爻為陰爻(承),此種情形稱「正比」又稱為「承」;如果上爻為陰(乘)、下爻為陽,此種情形稱之「逆比」又稱為「乘剛」。例如:初爻與二爻相互「比鄰」,二爻與三爻相互「比鄰」,三爻和四爻相互「比鄰」,四爻和五爻相互「比鄰」,五爻與上爻相互「比鄰」,這相「比鄰」是象徵事物、環境的助力與阻力,「相鄰」力量大,吉加吉、凶加凶,是一種陰陽、剛柔性質的相互支援、支助。

十一.應、與:

　　「應」是上卦與下卦同位的互動關係,初爻與四爻、二爻與五爻、三爻與上爻相應之互動關係;「與」

可分為「相應與」及「不相應與」，相「應」之爻為一陰一陽稱「相應與」，又稱「正應」、「應與」，但如果相應之爻為陽對陽或陰對陰，則稱「不相應與」，又稱「逆應」。

例如：下卦初爻為陽爻對應上卦四爻為陰爻，下卦二爻為陰爻對應上卦五爻為陽爻，下卦三爻為陽爻對應上卦上爻為陰爻，這樣稱為「正應」、「相應與」。如果，初爻為陰對應上卦四爻為陰爻，下卦二爻為陽爻對應上卦五爻為陽爻，下卦三爻為陰爻對應上卦上爻為陰爻，這種情況稱為「不相應與」。從對應的關係應與與否，象徵相對有無和諧存在，上卦與下卦有如分隔兩地的情人，彼此間有無對方的存在。「應」的力量小於「比鄰」，例如，初爻與四爻相應，亦可說是二地相思，互相感應，同樣的二爻與五爻、三爻與六爻亦是相應爻。

十二.乘：

凡陰爻在上，陽爻在下為「乘」，稱之「乘剛」，象徵背道而行，陰爻稱小人，有小人乘凌君子之意，陰只能扶陽、不能抑陽、乘剛，因陰爻象徵人逆時而行，但乘剛也不代表真正的吉凶論。

但有時上下兩卦的六個爻位，亦象徵六個事項發展的過程，當陽爻所代表的事項，往上推移發展，逢到陰爻時，此象為「柔乘剛」，但有時是表示情況有所變化，反而是好的轉機；若逢同樣陽爻時，表示情況受到阻礙，沒有協調的空間。

十三.承：

　　凡陰爻在下，陽爻在上是為「承」。象徵陰爻奉承陽爻，陽爻領導陰爻。此種情況還是以陰陽當位者「相承」大都論吉，不當位的「相承」大都論為不吉，但所有爻位的吉凶，要視實際事項情況而定吉凶悔吝。

十四.互卦：

　　在《易經》六爻卦中，每個爻位的位移重新組合的卦還可演變另五個六爻卦來，稱之「互卦」，又稱「卦中卦」，以此深入探討事項進化的過程。目前互卦最常用於中互，是以六爻卦本身的二、三、四爻重組為下卦，三、四、五爻為上卦。

　　六爻卦的五個「卦中卦」取法，例如：雷火豐卦䷶下互為初、二、三爻配二、三、四爻成為風火家人卦䷤；下中互為初、二、三爻配三、四、五爻為

澤火革卦䷰；中互為二、三、四爻配三、四、五爻
成為澤風大過卦䷛；上中互為二、三、四爻配四、
五、上爻成為雷風恆卦䷟；上互為三、四、五爻配
四、五、上爻成為雷澤歸妹卦䷵；六十四卦都可套
入這五組互卦（卦中卦）的應用，互卦是一個事項發展
的開始、過程至結果。

十五.本卦：

　　占卜取得出來的任何一卦，未經位移、變動、轉
變成其它的卦，稱之「本卦」，代表一件事情的主因。

十六.之卦：

　　占卜取得出來的卦因有所變動、位移轉換，而演
變重新所取得的卦，稱為「之卦」又稱「變卦」，代
表一件事情的過程及結果論。

十七.少者為君：

　　在卦六爻中以陰陽屬性少者為主爻，稱之「少者
為君」，如姤、同人、履、小畜、大有、夬等卦全是
一陰五陽卦，就以一陰爻為主爻，為一卦之主；另外
復、師、謙、豫、比、剝等卦全是一陽五陰，則一陽
爻為主。

十八.成卦主：

六爻卦中象徵要旨最完美的一爻，具有全卦中的主軸卦義之爻，不論爻位的階級，依各卦卦義不同而位置有所不同，以下為成卦主一覽。

1 乾九五、2 坤六二、3 屯初九、4 蒙九二、5 需九五、6 訟九二、7 師九二、8 比九五、9 小畜六四、10 履六三。11 泰九二、12 否九五、13 同人六二、14 大有六五、15 謙九三、16 豫九四、17 隨初九、18 蠱初六、19 臨九二、20 觀九五。

21 噬嗑六五、22 賁六二、23 剝上九、24 復初九、25 无妄初九、26 大畜上九、27 頤上九、28 大過九二、29 坎九五、30 離六二、31 咸九四、32 恆九二、33 遯九三、34 大壯九四、35 晉六五、36 明夷六二、37 家人六二、38 睽六五、39 蹇九三、40 解九四。

41 損六三、42 益初九、43 夬上六、44 姤初六、45 萃九五、46 升初六、47 困九二、48 井九五、49 革六二、50 鼎六五。51 震初九、52 艮上九、53 漸六四、54 歸妹六三、55 豐六五、56 旅六五、57 巽六四、58 兌上六、59 渙六四、60 節九五、61 中孚九二、62 小過六五、63 既濟九五、64 未濟六五。

將難經變爲易經第十六講（2015/12/16）

一、問題與解說：

　　一般而言如占問國運之卦，必須是由國家的領導人親自為之，若是一般人占問，只可以說是其家運，或是與社會之間的互動關係而已，並非所謂的國運之卦。

　　例如占問經濟議題，則是自己與金融間及事業營運的互動關，並非國家的整體經濟走向，因為在不好的經濟環境下，仍是有人獲利大賺其錢財，相反的在最好的環境下，也有人大虧其本且公司倒閉，所以說個人占問只是個人與環境互動關係，而非所謂的國運。

◎有同學提問其明年與國家社會經濟間的關係如何？

　　現在我們用另外一種不同方式，來做占卜與解析，首先請這位同學按住手上萬年曆，觀想所要提問問題，然後翻開萬年曆，看其頁數為何？第二次亦依此方式為之，然後將第一次頁數之合，組合為上卦（代表自己），第二次之合為下卦（代表對應關係）。

　　譬如同學第一次頁數為 26，第二次為 58，以前講課時都是採取個位數，但今天是本學期最後一堂

29

課，所以再加一位數，因此將每次所翻頁數相加，第一次為 26 相加後為 8，而第二次為 58 相加後為 13，因採十進位的天干數，因此就直接採用 3 的個位數。

這裡要注意的是，解析者事先必須先行設定，欲進行解析數字組合方式，亦即可依自己意思，採用 1 到 8 到八卦排序，或是採天干、十二生肖，等十進位或十二進位的組合排序，而這些進位方式，也就是一種動爻對應關係。

現在因設定使用十進位天干，所以 8 對 3 是辛金對丙火，而 8 也代表自己(第一次的數字)，因此有自己之雲霧遮蔽丙火的太陽，如此代表明年所投資之標的，其情性容易不見，然這也並非就是言不好，而是代表不要太過於直接，即在投資過程中，須先行小額試探，如果成效不錯再行加碼，這就是 8 與 3 的對應關係。

就前述老師在進行解析前，已先確立數字組合方式，其目的是因同學會挑自己喜歡的數字，另外也防止當卜到認為較不理想的卦時，一直期望用另外一種組合(動爻)方式，來加以改變至認為理想的卦，其實這樣也會失去其真正占卜的意義。

　　一般求卜問卦者必然會聽信於解卦老師，所以解卦者應就其設定方式，做圓融說明及指導應變方法，讓問卦者能朝正確方式邁進，這才是真正解卦意義，而非一直以動爻方式，將不好的卦一直加以改變至認為理想的卦。

　　譬如利用牌卦卜卦時，當抽到一張不好的牌卦時，就一直想要用動爻方式將其變成好的這是沒有錯，然而動爻並非須一直掛於卦旁，以上述數字假設 8 對 3 是好的，8 對 1 也是好的，若把 3 加 1 變成 4，如此 8 對 4 也是可以，但是 8 對 4 會變成沒有信心，也就是對明年環境會有一種失落感，一般人求卜問卦一定有其所求目的，因此在解卦之時，應圓融說明及指導應變方法，讓問卦者能為有明天，而有活著的生命力量。

　　以上述數字若再進一步，4 丁火會讓 8 辛金雲消霧散，變成什麼都沒有，如此對方若問明年生意經營如何？如直言不佳且會結束營業，如此其如真的在當前就結束營業，這不就是解卦者所造成？所以說看到不好的時候，就不要再將數字再相加，就直接將所看到數字加以解析，而且解析應從正向方面來說明，這

才是真正圓融的解卦。

在天干合化與否都只是名稱並不代表任何的吉凶，故解卦上所稱的刑、沖、會、合、害，都是學理名稱，他們與吉凶都沒有關係，只是與教學有關係，一般在天干相差為5是為合，即1與6、2與7、3與8、4與9、5與0，而丙辛合有辛金蒙蔽丙火太陽的眼睛，兩者相差是為正五，這就是天干五合的組合。

明年為丙申年是為火天大有卦，在大環境下是天要給人機會，但先決條件就是必須人願意付出，如此才可以得到天要給予的大財，然而有時人會因為其他觀念與想法，而蒙蔽了自己的眼睛，所以明年不一定要真正的去投資什麼標的，只要自己願意去付出，就可以得到所該得到利益，因丙、申是代表動態之星。

丙申年如將丙轉為地支，丙就是巳，在地支六合之中是為巳申合，而巳申即代表丙申，在傳統學術上而言巳申合化為水，其實非合化為水而是期待水的出現，因為只有水的出現才可以獲得短暫休息，由此也可以證明丙申是勞動之星，而此勞動之星讓人產生勞碌奔波，所以要有水的出現，其象就如下雨之時，是讓太陽閉目養神。

　　在地支中，巳申合當下雨之時也可減弱庚金之勢，所以說丙申因有水，而可以得到短暫休息，另外丙辛也必須透過水，丙火才不會被蒙蔽，因化為水後太陽又將可重見光明，所以如果沒有水的出現，有可能永遠密雲不雨，太陽將可能一直為雲霧所蒙蔽。

　　譬如丙申年出生或日主為丙申年，遇到流年丙申時，在傳統上稱之為伏吟（也稱犯太歲），另外也有所謂反吟，而反吟也稱天剋地沖，然何謂天剋地沖？就是當丙申年時八字之中有庚寅之人，因是丙剋庚而地支為六沖，如此在丙申年時流年即為反吟，也就是通俗所稱歲破。

　　然而丙申遇丙申是不會造成凶象，反而是八字有寅的人明年是為沖，因火來驅動金而剋寅，而不是火來滅金之後寅就沒有關係，因為氣流是透過溫度來加強而滅掉了寅木，所以明年八字有寅之人，可以透過戊辰來做一個轉化，當然也可用替身方式為之，即可在家門口，不影響到出入地方擺放盆栽（盆栽即代表寅木），如發現盆栽枯死就須再補種，因盆栽枯死代表是替自己受過。

　　另外八字如有雙丙情形是處事比較會有雙頭馬車

情形,即在責任分擔上比較分不公平,心態上比較會被認為是要掌權,所以只要將權力分散,並懂得充分授權就好,所以有雙丙或丙遇丙時只要如此做為,就不會去爭明份地位,所以有丙的人在明年的丙申年,就必須懂得充分授權,如此才會過得輕鬆,否則壓力會很大。

申是代表只要願意付出,則丙就可成其財富,因為申是丙的財,因此也才稱之為火天大有䷍,若丙火遇辛金為火澤睽卦䷥,就有眼睛被蒙蔽情形,所以說雖是相同的金,但也是會產生不同情形結果,其象就是申金可以吹散辛金,如此才不會被蒙蔽才有火天大有的象。

前述的替身方式要記得須付予任務方式,即在前幾講中所說的在樹上繫上紅色蝴蝶結,如一般家庭擋煞會用鏡符,其道理大部分都是因為鏡符可以反射,但實際上是否可以那就不得而知,然而鏡上的符祿在實際上他是一種印星,相同的是其是否有效同樣不得而知。

在此教導大家一個比較有效方式,最好就是使用錄有經文的 CD 片 5 片或 7 片(在內容上可以不拘,

但確記不要使用空白片子即可），然後用紅線將其串連成一排，掛上時將光亮的一面朝外，外表上看像是一種裝飾作用，為避免因風吹時會反置，因此在吊掛上後，可將其中一兩片貼住（不要每片都貼住），留有讓其幌動空間，其就如門前置有石敢當，因石頭代表戊土。

　　所有的形煞都是庚金與申金，因此只要透過戊土就可將其擋住形化，要知道這非土生金，而是金遇到高山之土（艮卦☶），自然而然就會被擋下來，所以使用石敢當是透過戊土來擋煞，也有人是透過水，而透過水是因水代表印星，也就是庚金遇水則止，因為人屬木而煞屬庚金，也就是利用庚金形煞遇水則止道理，故也就認為有金生水，水生木，水來化庚金之煞。

　　另外透過符令亦是屬於一種印星方式，而放盆栽樹木則是屬於一種替身，所以每一個作用都是有其意義，另外如畫一個艮卦☶於門口亦是可以的，即可以以象制象以形補形，但要記得擋煞目的，是依自己所欲追求目的為之，並要符合天地及大自然之道理。

八字之中有寅、申、午,當遇明年丙申年時,可以用甲寅當替身讓其來劈,也就是讓丙火驅動申金來沖掉寅木,所以開始使用的是替身,然後加一個戊辰來擋丙申的申,當然只用一個戊辰也可以,但如果要用甲寅配戊辰也可以。要記得要刻甲寅或戊辰之章,必須使用密度較高材質的木頭,不要用其它的材質。

在樓梯上擺設盆栽則須注意,如面對是樓梯往下,因此種情形表示比較不懂得把握機會,因此須在在進門口左側不影響行走處所擺設盆栽,若面對是由下而上的樓梯,如果氣場太強必須在進門口右側擺設盆栽,否則會讓自己覺得壓力太大,在擺設盆栽後會讓住於此屋的人機會比較多,且機會也會自動而來,若門一打開樓梯即往下,相同的可以門前平台擺設盆栽。

另外如彼岸間是門對門,則可以採用加裝門簾方式,但當一進屋時就必須把門關上,如此可避免氣場相互拉扯,要記得盆栽不要放於房間內僅能放置於門口或是放置於客廳,如樓梯則放於自己這一邊即可,另外買賣貨物之家其貨物之樓梯可以直接對外,表示貨物可以直接往外,但居家出入時則是不可以使用此梯,這也就是一種以形補形之象意義。

　　如果是在畸零地建屋時，只要把他切成方正即可，如果不正也可以用園藝造景方式加以修正。如果是門對門或門對窗，是因為一般人都會在意他的形態，因此不管是運用門簾、窗簾或其他物品，只要加以遮蔽就沒有關係，如覺得遮蔽物不佳時，當然也可以利用所喜圖畫加以遮掩。

二、易經六十四卦解說：

（一）水天需卦☵☰（易經卦序第五卦）

卦辭：需：有孚，光亨，貞吉。利涉大川。

象傳：需，須也；險在前也。剛健而不陷，其義不困窮矣。需有孚，光亨，貞吉。位乎天位，以正中也。利涉大川，往有功也。

大象傳：雲上於天，需；君子以飲食宴樂。

　　水天需卦☵☰的水是代表壬水、癸水，而天☰則代表庚金，此水是在期待天的作用，而需也是一種等待之意，前言庚金遇水則止，所以說是水在等待天的作用，也就是在期待其能量的聚集，因為當能量聚集之後水就能由天上下降下來，在水天需卦☵☰或天水訟卦☰☵都有訴訟之災，天水訟卦☰☵是言於公而需亦相同，在需卦大象傳即言「君子以飲食宴樂」，所以也可說是因為資源分配不均，而引起爭訟。

若將此水天需卦▦▦平擺於桌上，▦▦前面卦坎之水可以為壬水、癸水，而後卦為庚金、申金(▦)，是水遇到庚金，是庚金來驅動水，水流過急，坎險增加，所以說是水反而會變成更為忙碌，在水天需卦▦▦表面形象上是在等待，但其實其內心是忙碌的，也就是他有一種不安的氛圍，如由庚金來驅動時也會有不安的氛圍，所以水天需卦▦▦是凡事都會講求道理。

　　水天需卦▦▦從水角度而言庚金是為印星，但此印星是讓水忙碌奔波。而水坎▦所等待的是在庚金給予的資訊，但當資訊來時反而會給他壓力，所以其屬性上的等待結果只是忙碌奔波，在傳統學術上印星是好的，然而在現在研究學術上，假設日主為癸而旁有庚金，雖一樣是水天需卦▦▦但他也含有天水訟卦▦▦，因為癸水原本是靜態，但當庚金一來以後就變成了動態，因此就變成忙碌奔波之象。

　　如以此卦水天需卦▦▦問所等之人會來嗎？答案是會來，但並非馬上會來，如火越旺時，其來的速度就會越快，晚上問卜時，就必須等待。

　　因乾卦在庚金數字為 7，但在八卦乾卦卦序為 1，由此就可以論判，當外面是艷陽高照時，那他一

天內就會來，如果外面是陰天，那他就是庚金的 7，所以可能是 7 天後才會來，將乾卦解釋為 7 或 1，且此二個數字是如何變化運用，當然是依解卦者解析為主，因為是解析者為大，但解析時要記得依事而論判，因 1 也可能是一週或一個月、一年，而 7 也可能 7 天或 70 天不一而足。

（二）水風井卦䷯（易經卦序第四十八卦）

卦辭： 井：改邑不改井，无喪无得，往來井井。汔至，亦未繘井，羸其瓶，凶。

象傳： 巽乎水而上水，井；井養而不窮也。改邑不改井，乃以剛中也。汔至亦未繘井，未有功也。羸其瓶，是以凶也。

大象傳： 木上有水，井；君子以勞民勸相。

　　水風井卦䷯於六十甲子是有癸卯之象，直看下雨時雨水是成一條線，但雨水實際上是一顆顆如玉般的下，當雨水降到地面後，水又是全部集中在一起，成為流動的壬水，而卯是癸水之長生，因此卯代表是湧出泉水之地，如此當然也可套入本市玉井區地名；水風井卦䷯為癸、卯，而卯也為乙木，是水讓卯木滋潤，因此是癸水在付出是他來成就卯木，如往下代表卯產生水資源，如此兩者就是共輔共榮。

井也是共通的,他是四通八達,所以泉水是來自於四面八方,如此也代表其機會很多,藉此也可以反推,此人處處都有人脈,可以四海為家,可以入境隨俗,所以井是具有如此之象,另外癸水其由來,很多是由卯木所供給,因此是卯的資源產生了水而給了癸,然而癸雖等於子,但水風井卦䷯是不等於地支的子卯,因為子水會傷卯木,其原因是子為寒氣,而寒氣會讓卯木受傷,而癸水是由天而降之水,並不是代表溫度,只是代表一種大自然滋潤的現象。

　　所以天干代表的是形於外的現象,一切可看的到的行為,而地支是代表溫度、時間、季節,故言明溫度之時,就會強調地支,因此在地支上是子刑卯,而子刑卯是為無禮之刑,其原因是子、卯剛好在子、午、卯、酉的四正位上,而四正位又是一般所認為的桃花位,所以才稱之為無禮之刑,從另外一個角度而言,卯是在後天的震卦䷲之位,而帝出乎震,而帝的母親是為子,所以說震卦母親為子水,但在階級上震卦卻是比子水母親高,因此在相處上就會有無禮情形產生,因此在地支的學理名稱上也有無禮之刑情形。

　　一般將出生時辰直接書寫成天干、地支是不好的,而是直接寫成西元或民國的年、月、日、時、分

為佳，並註明是陽曆或是陰曆如本日晚上 11 時 30
分出生，若將此出生時辰寫為子時，那就會發生誤解
情形，所以記得出生時辰不要寫成天干、地支形式，
因為如寫成天干、地支，其中的子時在若干年後，就
可能分不清是早子時或晚子時，如此在推論命盤之時
就會失之千里。

　　所以說出生年、月、日、時的記載，須以西元或
民國的年、月、日、時、分為主，譬如本日為 12 月
16 日是為丙寅日，如以本日子時是為戊子時，若是
超過 23 時（深夜十一時以後），則又是丁卯日的庚子
時，如此兩者的差距就非常的大，以老師用法，只要
超過當天晚上 23 時以後，就算是隔日的時辰，要知
道天給予何時就是何時，另外如有夏令時間，也是以
當時的時間為主不必再換算，如異地且不同時，則是
採用出生當地時間為主，也不用換算為台灣時間，是
以當地為主。

（三）艮卦☶☶（易經卦序第五十二卦）

卦辭：艮其背，不獲其身，行其庭，不見其人，無
　　　　咎。
象傳：艮，止也。時止則止，時行則行，動靜不失其
　　　　時，其道光明。艮其止，止其所也。上下敵應，

不相與也。是以不獲其身，行其庭不見其人，无咎也。

大象傳：兼山，艮；君子以思不出其位。

　　前述遇到不好形煞可透過艮卦化解，因為艮卦代表高山，形煞原因是因外面有高壓而產生，因此化解上也是透過使用高壓來解決，譬如普通三、四層樓房住家，如與二十幾層樓房並立，如距離越遠，那當然就越沒有壓迫感，相反如二者如越近，那就會越有壓迫感。

　　假如居住距離甚近，且無法搬離此時可以在住家門口，用一個艮山來加以化解，如認為畫艮山不好看，則可於門上畫一山水圖（注意圖畫水流須往屋內流），如此就可以化解壓力，當然還有其他的卦象，如山高達天讓對方邐去的天山邐卦☰☶。此種形煞化解，即是以對方屬性，來作反推道理，艮山是有樹木有水的，但艮山之水是往下流，所以沒有辦法儲存水份，反而是在釋放水份。

　　所以八字是戊土之人，他是沒有辦法掌控錢財（水），但他卻有辦法掌控其事業，因為甲木、寅木（官星）一定依附在高山之土，也就是他有辦法成就

其事業，但確沒有辦法掌控錢財，其原因是其錢財在往外流失，前幾講中有言使用號碼最好為 3215、2315、1235，其目的就是代表要掌握其官星（事業），掌握火印星的資源。

　　在易經六十四卦中的火山旅卦▤▤，其象是太陽繞著高山在跑，因此他才具有旅行之象；八字為戊戌之人即是艮為山▤▤，他是可以收服權貴，但沒有辦法掌握金錢，因此具此八字之人，給人感覺是雖可做大事業，但卻是不會理財，這也就是高山之土，無法掌握水資源原因，因從戊的角度水為財星，艮山是可以收服甲、乙、丙、丁，而其他的就無法收服，而己、庚、辛、壬、癸，這些對高山而言，他是沒有辦法掌控的。

　　也就是戊戌之人，只可以掌握權貴，而不懂得掌握金錢利益，其原因就是高山之水是往外流失，在山水蒙▤▤卦而言即是有此現象，所以戊戌之人也具有山水蒙卦▤▤之情性，反而戊辰之人是水入庫，辰在先天八卦之位為兌卦，此位為辰、巽、巳，因此代表先天兌卦，所以辰也是沼澤，如是日主戊辰則是不錯，因他可以把水資源收服，而且戊土可以產生源源不絕的水資源，而且水可以入庫，所以是自己產生自

已收獲。

在小畜卦的九五爻言「九五:有孚攣如,富以其鄰。」,小象曰:「有孚攣如,不獨富也。」地天泰卦的六四爻言「六四:翩翩,不富以其鄰,不戒以孚。」,小象曰:「翩翩不富,皆失實也。不戒以孚,中心願也」。另外謙卦六五爻言「六五:不富以其鄰,利用侵伐,无不利。」,小象曰「利用侵伐,征不服也。」

以上的富以其鄰及不富以其鄰如以房子結構而論,是屋頂為中高雙斜,因此當下雨時前面之雨水由自己採集,但流向屋後之雨水,則由居於後的鄰居收集稱之,此象即是富以其鄰;如只單斜向者只流向前面,只有由自己收集而已,此象即是不富以其鄰。

若以癸與壬二者何者是富以其鄰?何者是不富以其鄰?其中癸水是富以其鄰,因當癸水下來時是全面性,而壬水只是單一流向而已,因此壬水是不富以其鄰。

附註: 有關各種關煞部分,請參閱老師所著萬年曆第 69 頁到 71 頁的,日支對照時辰,日干對照時辰、月令對照時辰關煞表。

宇宙間的符號（易經三）第一講（2016/03/09）

一、問題與解說：

在一般觀念在六獸神配定上朱雀南方屬火,是為南方丙丁火,但也另有其他說法,言朱雀先天屬土後天屬火,然此種說法是否正確?實際上也是正確的,而會有此種說法,其原因是在五行生旺墓絕,是由火土共長生的原因而來（丙戊長生在寅,丁己長生在酉）,因為火與土是同一氣,因此在火的宮位就分別有屬土或屬火的說法。

在羅盤的 24 山之中,乾卦與坤卦剛好是一周循環,何以乾坤兩卦是一周的循環?因為乾卦全部為陽數,所以乾用九,而坤卦則全部為陰數,因此坤用六,在易經之中也只有乾坤兩卦有文言,而其他各卦則無,最大原因是在強調整個易經羅輯的變化,而其運行一個為順（陰）一個為逆（陽）,因此才有陰陽交媾,而成乾坤定位。

附註：傳統上六獸日干、方位、配卦與斷卦表達簡
　　　說：
六獸在京房易卦運用之中,在日干與爻位有其一定配定（如下圖）,六獸神所指的是青龍木、朱雀火、

勾陳土、螣蛇土、白虎金、玄武水,而其所代表方位
干支:青龍為東方甲乙木,朱雀南方丙丁火,勾陳、
螣蛇中央戊己土,白虎西方庚辛金,玄武北方壬癸水。

六獸神配定例:

日干	六爻	五爻	四爻	三爻	二爻	初爻
甲乙	玄武	白虎	螣蛇	勾陳	朱雀	青龍
丙丁	青龍	玄武	白虎	螣蛇	勾陳	朱雀
戊	朱雀	青龍	玄武	白虎	螣蛇	勾陳
己	勾陳	朱雀	青龍	玄武	白虎	螣蛇
庚辛	螣蛇	勾陳	朱雀	青龍	玄武	白虎
壬癸	白虎	螣蛇	勾陳	朱雀	青龍	玄武

六獸歌斷:

青龍發動附用通,進財進祿福無窮,
臨仇遇忌都無益,酒色成災在此中。
朱雀交重文印旺,煞神相併慢勞功,
是非口舌皆因此,動出生身卻利公。
勾陳發動憂田土,累歲迍邅為忌逢,
生用有情方是吉,若然安靜不迷蒙。
螣蛇鬼剋憂縈粹,怪夢陰魔暗里攻,
持木落空休道吉,逢沖之日莫逃凶。

白虎交重喪惡事，官司病患必成凶，
持金動剋防人口，過火生身便不同。
玄武動搖多暗昧，若臨官鬼賊交攻，
有情生世邪無犯，仇忌臨之姦盜凶。

六獸表達方式：

青龍：光明磊落，主正義，清高不俗，吉祥之氣，公
　　　　正不阿。公職者較多，人形旺相主正直，休囚
　　　　主固執。

朱雀：文印、口舌，須用講話來表達的職業，如講師、
　　　　播音員、老師、推銷員、美容師技藝方面等，
　　　　人形活潑善言行。

勾陳：忙碌、糾纏，工作屬於專業技術，人形約束力強，
　　　　不夠圓滑。

螣蛇：內心多猜疑、怪異、驚疑，煩躁不安，工作形
　　　　態如外交、接待人員等，人形八面玲瓏，手腕
　　　　高明。

白虎：悲哀、傷心、官訟，職業有關醫生、律師、軍
　　　　人、警察、守衛、屠夫等。人形城府深沉、善
　　　　工心計。

玄武：多曖昧、投機、偷盜、情愛，工作屬於風月場
　　　　所，投機行業等，人形語言浮華不實，風流無
　　　　節制。

二、易經六十四卦解說

（一）兼山艮卦䷳（易經卦序第五十二卦）

卦辭：艮其背，不獲其身，行其庭，不見其人，無咎。

象傳：艮，止也。時止則止，時行則行，動靜不失其
時，其道光明。艮其止，止其所也。上下敵應，
不相與也。是以不獲其身，行其庭不見其人，
无咎也。

大象傳：兼山，艮；君子以思不出其位。

　　兼山艮卦化為干支是為戊、戊，其象為二座高山
重疊，其本身是會產生水資源，也就是說所有的高
山，都會產生水資源，這是就是此卦比較不同的地
方，在傳統學術認為高山可以阻擋大水，但在我們研
究的學術上認為大自然環境，水資源是透過高山聚集
雲霧所形成的，因此平時山上水庫之水，並非是下雨
所聚集而成，（當然也有少部分是雨水所聚，但要知
道一年四季並無多少雨天）他是高山裏所聚集辛金變
化產生而來的。

　　因此在卦象上，如艮遇到兌為山澤損卦䷨，事
實上損卦的損是在損水，因在艮卦卦象上並不強調辛
金、兌卦，但他卻有兌與辛、酉的形成，因艮是在強
調二座重疊高山，但在二座重疊高山中，事實上本身

就是有水，所以要以一種無中生有的觀念來解讀艮卦☶☶卦象，在艮卦而言本身也代表止的作用，而止的目的是在止震（上卦艮卦而上互卦（三四五爻）為震卦☳），因為當艮卦☶與震卦☳在一起之時，就代表震☳是一種穩定，所以二者是相依為命，艮☶讓震☳可以穩定成長，震☳使艮☶不會產生土石流。

所以看到戊戌之時，就可以聯想到其一定有水，一定會產生辛金，因此假設自己為戊戌，而旁有未、己，就代表在自己在損，並不一定要有辛金才會損，因如此就已經有山地剝卦☶☷的象，因為只要有平地土、坤土就會有損的象，所以艮卦是喜歡五行的火及木的能量，其他五行則都是不喜歡的，因除木火外艮卦與其他五行都是一種損傷，所以只要尾數為5，則前面可以用1234，如前幾講中的3215、1235、2315等，是很好的號碼組合其概念就在於此，這也是艮卦的一種作用。

艮卦☶☶之象是二座高山疊積而成，所以日柱戊戌之人其眼光會看得比較遠，也就是住得越高看得越遠，就如設於台北101大樓的公司，其所從事大部分可能都是全球性、國際性業務，所以戊戌這一柱的特質也就是於此。另外艮卦☶☶（戊戌）之人，如是單

獨一個艮，就會有好高驚遠情形，因單獨的艮時只看高不看低，只有想而不行動（艮本身為止），所以會有好高驚遠情形，但如旁邊有木與火就不會了。

因為有木與火時，在六神法是為官印相生，就是以戊為主體時，其旁的木是官星，火是為印星。因有木火代表艮卦本身有產值，也就是高山之土可以被利用，但如是單獨艮遇到壬水或坎水，就容易產生土石流，此時可以透過木的根來穩定土壤，透過火的能量讓木成長茂盛，因此就有了官印相生的情形，有了官印相生後，本身所想的事就會去執行，因此就不會有好高驚遠情形。

（二）山雷頤卦䷚（易經卦序第二十七卦）

卦辭： 頤：貞吉。觀頤，自求口實。

象傳： 頤，貞吉，養正則吉也。觀頤，觀其所養也；
自求口實，觀其自養也。天地養萬物，聖人養
賢以及萬民，頤之時大矣哉！

大象傳： 山下有雷，頤；君子以慎言語，節飲食。

山雷頤卦化為干支上卦的艮是為戊，下卦的震卦為甲（寅）木，頤卦的戊長生在寅，是代表東西剛剛要形成而已（其能量為正 3），因此在頤卦內部並無

任何陽爻，所以其裡面是空空如也，另外在火雷噬嗑卦䷔則是口中有一陽爻，代表他口中有物可食，所以二者的屬性是完全不同，用頤卦論事物表示是物剛要形成，而還沒有到達一定的目標、水準，代表一切之初始。

在山雷頤卦䷚的戊寅之象是為白手成家，但如其天干未出現甲木、乙木，則比較容易白忙一場，乃因下卦震卦代表動、想法，但卻被上卦艮卦所阻止，因此容易白忙一場。假如他天干有木時，站在地支角度而言，在學術上稱之為透干（透干代表天干地支都有），若是從天干角度對照地支而言則是通根，而透干、通根是代表一種能量的穩定，因為單獨看到甲而地支沒有，則代表甲木生機有限，而如甲木有通根，就代表木在紮根在穩定成長。

透干就代表木已破土而出，即將開始成長並開枝散葉，這就是山雷頤從長生位重頭開始的象，所以說戊寅之人是白手成家，另外因火土一氣所以丙寅之人亦是如此；戊寅與丙寅兩者雖有相同長生位，但丙寅比較容易為人所見，因丙在強調太陽能量，另外戊寅裡面是空空如也，而丙寅則有一陽爻是有物可食，何以如此之說？因戊寅是透過高山，是靜止不動的，而

丙寅則能量比較旺比較大,乃丙為太陽、知名度、勞動之星。

所以雖然同是剛剛長生,但丙寅只要透過知名度,就可以為人所見,其最重要之處,是他原本就具備了實力,而山雷頤☰☰本身就沒有此現象,在傳統學術上寅、申、巳、亥是為驛馬星,但寅比較不會動,需要丙、丁、巳、午火來驅動才有辦法形成,因此在山雷頤的象,是上面高山壓住,而下面震木要破土而出,因此其成長環境就會比較辛苦,為默默耕耘的在白手成家,而丙寅(火雷噬嗑☰☰)則是一戰成名,因此兩者屬性相差很大。

但二者中如果戊寅有木、火的能量,則其可較為持久,沒有木火能量時則會自己困住自己,也就是會受限而沒有辦法脫穎而出,所以戊寅與丙寅旁有木火則戊寅持續力比較強,出生日之日干如為火,則就會是勞動、勞碌及付出的格局,所以八字日柱有火,就屬於必須付出的格局,而且是先照顧他人,當他得到了成就與希望之後,人家才會來把自己拱起來。

所以八字屬火之人,如要單打獨鬥,就很容易沒落、失敗,因此他須先照顧周遭之人,用其丙火的能

量普照大地讓大地充滿生機，如此以後才能脫穎而出，由此象就是太陽照顧樹木，當木在成長之時，就代表他在用丙用火太陽育木，如此丙火得到了成就，這就是丙寅的屬性。

　　甲寅的屬性，則代表到了另外的一個階段，因甲寅是屬於五虎將形式，如在天干地支都有甲木及寅木，就可以稱透干與通根，表示已紮根及破土而出，甲寅本身由亥長生，然後到子、丑、寅，是經歷了亥、子、丑而到寅的祿位，但由於寅本身還是位於寒氣之位，所以仍是屬於開疆闢土之時，因此說甲寅是五虎將形式。

　　甲寅日出生之人，其時辰在丙寅、丁卯、戊辰，則是有火在形成，如此其格局就很高，如尚在甲子、乙丑的寒氣之時，就比較沒有辦法脫穎而出，然而雖沒有辦法脫穎而出，但並不代表沒有希望，而是要等到流年走到有火之時才能脫穎而出，甲寅也是稱作自坐祿位，在十二長生表甲長生在亥到寅為祿位故稱之，而祿位傳統學術上是為財，也是一種自信及力量的提升。

　　祿在年或月，代表是先天或父母親留給自己的財

產，若在日或時，則代表是透過自己努力而獲得，所以當祿位在日與時之時，只要願意付出就可獲得成就，唯一甲寅之時甲是尚在寒氣之時，在一年當中寅月是最冷之月，何以說寅而非丑是最冷？因丑本身是結冰，且艮卦本身也有丑的情性（丑艮寅同一氣），如冬天問卦遇艮卦，則代表含有丑的情性，如在春夏則含有戊辰情性，如在秋天則是含有戊戌情性，因此季節就可做為卦的動爻，時間不同即是一種動爻。

所有的時間（時辰）及季節都是動爻（爻變的方法），也就是所卜之卦，由於因時間不同，因此其所形成之氣也就不同，故卜卦不一定需要抽動爻，只要卜卦之時時間、溫度、氣候不同，這即就是卦的一種動爻，所以卦的吉凶是在季節時間，傳統上卦的動爻為最後結果論，然而現在大家所研究學問，是如何運用卜卦時間、溫度、氣候，等之不同而作為卦之動爻。當然如以抽卦為卜卦方式，要抽動爻亦是可以，如此在中間時間、時差上，就變成是過程而已。

常態上在陰雨天或夜晚卜卦，所卜之卦往往就會是比較不好之卦，故除有急事外，儘量不要在晚上卜卦，一般人會在晚上卜卦，大部分是因有煩惱與憂鬱或緊急，故當卜卦之時這些煩惱與憂鬱就會顯現出

來，尤其具有敏感體質者，更容易遭到不潔東西所依附，如前曾述及雙方合約簽署的時間因果關係即在於此。

　　要知道在晚上或陰雨天這些時間上卜卦，其所能承載，只有具有厚德載物的坤卦而已，如在夜晚卜到坤卦，雖坤的主體是土，但因是在夜晚時間，因此其含有坎水的屬性，而水也代表財，因此就有暗財之象，如此在卦意上就可因為有水而有財，但因是夜晚所卜到的，所以才稱之為暗財。

　　另外坤卦在十二辟卦是在亥位，何以坤是在亥呢？因為亥是六爻全陰之位，而十二辟卦又在言太陽能量生滅，他與溫度是沒有關係，故在亥時是太陽西沉而不見，但當到了子時，就開始有了一陽，在能量上也就變成了正一，也就是太陽能量在慢慢的形成，因此十二辟卦是在言太陽能量生滅，當然也是陽能量的生滅。

（三）山火賁卦䷕（易經卦序第二十二卦）

卦辭：賁：亨。小利有攸往。

彖傳：賁，亨，柔來而文剛，故亨。分剛上而文柔，故小利有攸往。剛柔交錯，天文也；文明以止，

人文也。觀乎天文,以察時變;觀乎人文,以化成天下。

大象傳:山下有火,賁;君子以明庶政,无敢折獄。

賁卦☲☶之賁左邊加口為噴,然口不見代表是被阻塞,也因阻塞使內部光明溫度噴不出來,因此在山的內部就會有溫度與光明;此山形象也可代表是一個大宅院,在此宅內部燈火通明,物品裝飾的很亮麗。

山火賁☲☶卦化為干支是為戊、午,而在說卦傳裏:艮卦為山,為徑路,為小石。艮為戊,則戊為石頭,而午則是尖銳尖頭的東西,所以山火賁卦☲☶如論物項,就如所謂的壁刀、高塔等建設的物品或電線桿,因此戊午是代表尖銳且含有煞氣的東西,要知道只有戊午之柱,而並沒有戊巳之柱,但如所見的尖銳物品或高塔建設,可以讓自己感到喜悅時就有巳的情性,所以如是有破壞性感覺,就是戊午情性,因此他是屬於戊午或戊巳,完全是由自己心態來取捨。

戊午之柱何以是尖銳東西,是因為戊在午時為帝旺,而帝旺位為俗稱的羊刃,而戊遇到巳是為祿位;羊刃也是一把刀,是壁刀也是一種煞氣,譬如本日是戊午日,如問要外出旅遊,如此代表要前往地方,是

一個比較偏僻或有尖銳原石之處，且是容易讓人遭受傷害處所，這就是戊午的情性，因此卜到山火賁卦☲☶，必須端視所問事項為何。

　　例如問房屋代表此屋是很好的，因戊山代表自己而午火是為正印（印星是為父母），所以說此屋對自己是很旺的，若問此屋周遭環境，則是鄰近有高樓林立且有尖銳、尖射壁刀之物，所以說卜到賁卦須視所問事項而定，另外有羊刃之人，其羊刃位於何處，其刀傷、疤痕就會在何處，譬如年（年柱）有羊刃，則是頭部容易受傷而留下疤痕，在月柱有羊刃，其臉頰或身體容易受傷留下疤痕。如女孩子羊刃在時柱或日柱，則生產之時就比較容易有開刀情形，而其腳部分也容易有受傷而留下疤痕，這就是羊刃之象。

　　但羊刃刀傷並無傷大雅，他對生命不會產生威脅，何以如此呢？因為以甲木的角度卯（甲的羊刃為乙、卯）為正應、為根，代表所開的刀傷對身體是有益的，此刀可以讓身體復原，另外在刃也代表旺氣，因羊刃是代表地支的劫財，而土的羊刃就是印星，地支的劫財就是代表羊刃。帝旺位若從火的角度，羊刃剛好是在中午之時，而中午之時是為午時，所以在午時若可休息，那無形羊刃就不會傷到自己。

在戊午之象如戊代表自己，則表示自己內部有火，其義即代表他是一個很有自信的人，因此戊午之人是比較不怕旁邊的水，但畢境遇到亥水或子水時，還是會把午火的能量消滅，因此假設日主為戊午，而月也是戊午，因月是主宰溫度，所以月的溫度較高，因此日的溫度不如月，如此就會產生自刑，也就是自己與對方相同，但機會總是被對方所取，所以就會感覺很鬱悶。

要知道並非午午、辰辰、酉酉，亥亥才會自刑，凡是所有相同地支出現都是自刑，但在傳統學術上只有午午、辰辰、酉酉，亥亥才是自刑，因為與人相同而自己卻輸給別人，因相同地支可能在月或在時，所以在時或月令其溫度都會比較高，日代表我自己而年、月與時，代表大自然周遭的環境，而月的能力大於時，出生日是代表自己，且是不主宰溫度，因此只要月或時辰有溫度，如此自己氣就會受影響往外繞，因此就會有自刑情形。

附註：傳統學術上的地支刑

寅刑巳，巳刑申，申刑寅，稱之恃勢之刑；未刑丑，丑刑戌，稱之無恩之刑，戌刑丑；子刑卯，卯刑

子，稱無禮之刑，辰辰相刑 午午相刑，酉酉相刑，亥亥相刑，稱之自刑。卦中六沖代表明朗化的爭執，相刑代表內心的懷恨，不形於外。常見相刑受害最深的有三種：寅巳申恃勢之刑，丑戌未無恩之刑，子卯（桃花）無禮之刑。

（四）山澤損卦▤▤（易經卦序第四十一卦）

卦辭： 損：有孚，元吉，无咎，可貞，利有攸往。曷之用？二簋可用享。

象傳： 損，損下益上，其道上行。損而有孚，元吉。无咎，可貞，利有攸往。曷之用？二簋可用享；二簋應有時。損剛益柔有時，損益盈虛，與時偕行。

大象傳： 山下有澤，損；君子以懲忿窒欲。

　　山澤損卦▤▤若從上卦艮為山▤▤角度而言，艮卦是在強調兩座高山重疊，而並不強調其他的五行，但事實上還是有其他五行存在，但在山澤損卦▤▤中就直接言明，他是在損兌卦的辛金與果實，因為雲霧棲息在高山，遇到溫度會化為水，當化為水後雲霧就會不見（財、果實不見），所以他是有損的象，但在此損象下是可以透過震卦（木）來保有兌卦，其會損的原因是在強調高山與雲霧關係，因此如果有震▤木

那果實就會依附在震卦（木）之上，就變成了雷山小過卦䷽，而果實附於木又成為澤雷隨卦䷐，而當成為澤雷隨卦䷐，就代表木能穩定於高山之上共依共存。

山澤損卦䷨是在損財及損成果，因從土角度金是代表食神傷官（食神、傷官代表成果與表現），當戊土遇到辛金則成果會受損，如此若言投資事項，則會有無疾而終情形，亦即會遭受到挫敗，所投資成本會無法回收，因為食神、傷官是會生財，因此從戊的角度兌卦為食傷，其化為水之後就變為財，如此他損掉了成果也就是損了財，所以損卦要透過木來保值，故問理財而卜到山澤損卦䷨，可以建議其透過木來保值。

因此山澤損卦䷨必須要有木，如果沒有木就會構成損，所以如住於山上而屋旁過於空曠，尤其如是修行者所住，因高山會聚集雲霧他就會損，如此其就會清心寡慾，而不會在意其他事故；反之若住於山上而庭院樹木造景完備，因為有樹木造景，就構成有豐收的果實，也就會有前述的 1235，3215，1325，2315等象因此就不會損。

有以上的形象反而會透過這些形象來經營，所以

位於山上的廟宇如建築造景宏美，那大多是在經營的，若是廟宇非常簡陋，那麼就具備了損的現象，即是清心寡慾的在修行，所以我們可以就此以小觀大，透過這些象而反推到那些現象，所以廟宇簡陋者是真的在修行，因為他沒有木所以是在損在奉獻，而建築造景宏美者就可能是在經營，此數字就如同 8125、1285 之象。

　　山澤損卦䷨為戊與酉或戊與辛的象，另外如果是辛酉，那就會變成兌為澤䷹之象，而在四柱中並無戊酉這一柱，所以山澤損卦䷨是戊與辛金之象。當然其也有戊辰之象，何以會有戊辰之象，因為兌卦是先天之兌及後天之巽，而在巽位是為辰巽巳，如戊辰在同一柱之內（戊代表自己辰代表配偶），是配偶很會幫對方理財，也就是配偶很會積蓄錢財，同時辰酉也為合而且先後天是同宮（酉也為辛之位），所以才言也有戊辰之象，但戊辰其損是損在配偶，也就是捨得給配偶，但要記得卜到損卦，是代表往外在損，而非損給在內的配偶，其與戊辰之損是不同。

（五）山天大畜卦䷙（易經卦序第二十六卦）
卦辭：大畜：利貞。不家食，吉，利涉大川。
象傳：大畜，剛健、篤實、輝光，日新其德。剛上而

尚賢，能止健，大正也。不家食吉，養賢也；
利涉大川，應乎天也。

大象傳：天在山中，大畜；君子以多識前言往行，
以畜其德。

山天大畜卦䷙是為戊申，山天何以為大畜，在
傳統上認為艮代表狗，體位較大，而風天小畜的巽卦
為雞體位比小，所以山天為大畜而風天為小畜，但在
我們的學理上則是代表滿山的黃金，何以山天大畜卦
䷙有滿山的黃金？這可由卦象來看，山下之卦為乾
金，而下互卦（二三四爻）又為兌金，所以可說是滿
山的黃金，且他也有豐收之象所以才言是大畜，是為
大大的蓄積。

山天大畜卦䷙是孕藏了很多的資源，此象在十
二長生表中壬長生在申，代表申可以產生源源不絕水
資源，如將戊看成是房子，而從申金來定位則戊為印
星，而且印星是屋裡，代表屋裡有申源源不絕水資
源，所以此屋就具有生產之象的工廠，因此出生日的
八字為戊申之人，所住的環境就是生產之地，一般而
言戊申代表屋內會有湧泉，所以說其所在的環境就是
生產工廠。

可是戊申本身是不會理財，因為高山會釋放水資

源，戊申之人懂得犒賞自己，因此內心會有一種滿足感（因自己是大畜，故內心會有滿足感），所以說本身不會理財，但高山會釋放水資，因此他卻可以幫老闆理財，尤其當戊申在月柱、日柱時，更會有此現象，而年柱因是屬大眾（公開）因比較無此現象，這也是戊申與其他八字比較不同地方，但此柱並非不好，只是傳統上稱之為孤戀煞（吟伸煞，參閱萬年曆第112頁）。

　　從傳統的象而言，是因戊的丈夫為木，而木要進房睡覺時，卻有申刀在前阻擋，所以丈夫不敢進房睡覺，但實際上是寅申沖，因此二者有兩地而居的分離之象，但如果在正官上而言是代表乙木或卯木，所以只要有乙或卯出現就會沒有問題，若是出現甲或寅，就比較容易產生寅、申沖，而形成兩地而居，但寅申是到了秋天之氣，所以有了收藏情形，因此還是可稱之為大畜，大有積蓄。

（五）山風蠱卦 ䷑（易經卦序第十八卦）

卦辭： 蠱：元亨，利涉大川。先甲三日，後甲三日。

彖傳： 蠱，剛上而柔下，巽而止，蠱。蠱，元亨，而天下治也；利涉大川，往有事也；先甲三日，後甲三日，終則有始，天行也。

大象傳：山下有風，蠱；君子以振民育德。

　　山風蠱卦▦▦很怕是在晚上或秋冬季節卜到，如果在春夏卜到山風蠱卦▦▦，則也能變成風山漸卦▦▦，但如是在秋冬季節卜到本卦為風山漸卦▦▦，那也是會變成山風蠱卦▦▦，所以蠱卦是比較喜歡春夏的木火之氣，原來在秋天之時，種植插枝樹木或小花草，比較容易腐爛或枯死，這也就是秋冬(金水之氣)容易讓木折損枯死，在學理上艮卦代表戊的象，而下卦巽卦代表乙木，前述的孤戀煞是因戊的丈為乙木，而乙木很難依附在戊土，他如想依附於戊土就必須要有水、有太陽，如此才有生機才能成長。

　　反之無此水份與太陽火則會讓其受傷，況且地支又為金，而金又會剋木讓木受損，會有如此情形就是其象正官為乙木，這就是山風蠱卦▦▦屬性，同時又因金剋夫所以變成孤戀煞(戊申柱)，但如要論判此處之水與外面之水是不同的，因為戊土本身就有水而非申金才有水，以一座高山而言樹木長得最旺盛地方，應該是在高山的中部（山腰）之處，因為在高山的頂部，其位太高水份不足且考驗太多，在山下水份卻又太多而且陽光被遮蔽，故只有在山腰之處，水份陽光同時都很適中，所以其成長是最為旺盛。

　　在山風蠱卦☶☴之象必須是逢到時機，就如小花草要在戊土上成長，剛開始必須要有適應期，如此才能茁壯成長，由此可推如戊土的女命在結婚之初，與丈夫必須則需要有一段磨合期，因為乙木很難依附在戊土，所以須透過溝通、水的滋潤（愛），透過丈夫表達（乙木的食、傷為火，火代表熱情與表達）才能合和，所以山風蠱卦☶☴喜歡春夏（木火代表春夏，而金水為寒冬），所以當遇到山風蠱卦☶☴之時，必須是春夏之水才有用，而寒冬之水是沒有用的。

附註：

老師所言：繫辭上傳第八章

　　「鳴鶴在陰，其子和之：我有好爵，吾與爾靡之」。子曰：「君子居其室，出其言善，則千里之外應之，況其邇者乎？居其室，出其言不善，則千里之外違之，況其邇者乎？言出乎身，加乎民，行發乎邇，見乎遠。言行，君子之樞機，樞機之發，榮辱之主也。言行，君子之所以動天地也，可不慎乎？」。

是孔子解釋易經風澤中孚卦☴☱（六十一卦）九二爻之爻辭。

其意大略如下：

君子平居家中，講出的言論是美善的，那麼千里之外的人也會響應他，何況是近處的人呢？假如平居家中，講出的言論是不善的，那麼千里之外的人也會背離他，何況是近處的人呢？言語出於自身施加於百姓；行為發於近處，為遠處的人所見。言語與行為，是君子立身處世的關鍵，關鍵一經發動，就成為榮譽或恥辱的主宰。言語與行為，是君子用來影響天地萬物的。怎能不慎重呢？」。

宇宙間的符號（易經三）第二講（2016/03/16）

一、問題與解說：

（一）友人的女兒參加教師執照考試，其母以數字 2 與 7 求問，如此其女是否可以考取？

在 2015/12/16 的十六講曾言：卦的解析者事先必須先行設定，欲進行解析數字組合方式，亦即可依自己意思，採用 1 到 8 的八卦排序，或是採天干、十二生肖，等十進位或十二進位的組合排序，若以老師平時習慣，大部分都是用 10 的倍數，也就是天干的倍數。

因此用 2 與 7 之數求問，2 是代表乙木，在易經代表巽卦，而 7 代表庚金、乾卦，此兩者構成風天小畜卦，兩者對應關係上 2 代表提問之人，而 7 則代表對應關係（即所問標的），所以就有庚金（7）之氣，主動來與乙木（2）發生對應關係，另外如用八卦的八進位方式，則 2 代表兌卦，而 7 代表艮卦（用先天八卦卦序之數），如此兩者構成澤山咸卦，如此亦代表相互是有感應的，所以用 2 與 7 來問，不論是用十進位的天干之數，或八進位的八卦之數來解析判論，都是可以考取的。

上述所提問問題，是女兒請其母親，托同學來向老師提問，如此是否須要轉換生剋的邏輯呢？現在就以當下時間（即所謂的時空卦）來推論。

　　此時為 2016 年 3 月 16 日 10 時 15 分，排成八字各柱則為丙申年、辛卯月、丁酉日、乙巳時、癸未分。

分	時	日	月	年
癸	乙	丁	辛	丙
未	巳	酉	卯	申

　　當同學提出 2 與 7 時，如果是先提問自己問題，譬如某時即將出遊，屆時應注意那些事？或是將前往某家公司上班，而此家公司是否適合於自己？

　　在老師解析習慣上，會把當下日主定為主體，然後將出遊或前往該公司上班問題，做為是相對應的關係，若以工作而論就須找其官星，從丁的角度水為其官星（官煞），代表到這邊工作癸會滅丁，而且未的高溫讓酉（果實）受傷（日主與時間中分的對應關係），因此可以判定此份工作，他是沒有辦法勝任、承擔的，所以說是不適合。

當他問完了自己問題之後，再提問其女兒參加考試，是否可以獲得錄取之情事，第一他已經將當下時空（日主）用完，也就是已用了日主丁酉與癸未的對應關係，而現在要再問女兒情事，如此就須從丁的己土來作對應，也就是用丁的食、傷，即代表丁所生的女兒，如問兒子則是為戊（參考老師所著萬年曆男女命六親關係），因丁屬陰故女兒也須是屬陰，所以女兒是為己土，如問兒子因兒子屬陽，那就不同而是為戊土，因此在八字用法之中女兒、兒子，就分為食神與傷官。

在文王卦之中，因不分陰陽，所以統稱為子孫（食神、傷官），因十天干須與五行相互搭配，而十天干為 10 個與五行 5 個之比為 2 比 1，因此就分有陰陽，而有陰陽之後就分食神與傷官的兒子或女兒，而此時空卦未的本氣代表己，所以女兒就在未中的己，而兒子則是代表巳中的戊，這也就是丁先問本身事情之後，再問其女兒之事對應關係，因此在彼此對應上，就須做一種轉換，假設直接提問女兒此次考試成績如何？那麼主體就代表其女兒，就不用再轉換食傷，如問完女兒之事後，再問最近想去某地好嗎？那麼就須從其女兒來找其印星（印星代表父母），因此乙就成為母親而丁就定位為女兒了。

所以要問本身之事，就必須先由女兒六親關係來找出對應關係，所以在相同時空下，因問題提問先後就必須要有切換，就如上述直接提問友人之女，參與教師執照考試是否可以考取？因同為女同事，故也是為乙（如男同事則為甲），所以就直接用 2 與 7 做對應解說，如果先問了其個人之後再問此題，就必須要有切換，另外如所問是為男同事女兒，如此對應也是有所不同。

　　因男同事是為甲（劫財），而甲的女兒（正官）是為辛（以辛為主體），當辛金遇到庚金如此辛金就有壓力（2 與 7 對應關係），因此就沒有辦法獲得錄取，如是女同事的女兒則是為丁火，就成丁火與 7 的對應，因此在架構上就會有所不同，也就是說用時空卦卜卦時，不想重新取卦而用同一時空的數字，再提問新的問題就須做轉換的道理，這就是八字或易經卦上的無限推演。

（二）在廟旁購屋言忌在廟周邊的三角點上，試問所謂三角點，是與廟呈幾度角才算？

　　並無所謂幾度幾分，只要在門口直視上，看到的是廟牆的牆角壁刀，或是屋頂建築裝飾突出物，都是所謂的三角點，其不好原因都是因為受這些角點直射，

若與廟門是正對面，會認為做任何事神明都在監視，因此會有渾身不自在感覺，但如果反推這樣或許比較不敢做壞事。

　　廟的本身是屬午火，故在廟門口兩側或周遭作生意是很好的，但如果是居家則不是很好，因為廟裡平常都有人在祭祀焚香並燃燒金紙，所以就會產生溫度，當溫度產生且提高之後，就會把周圍之氧吸往廟內，因此在此處就必須時常保持住元氣，然而因作生意大部分是在白天，且是不斷的在走動，所以是比較沒有關係，如果在晚上休息時則本身之氣會被真空的廟所吸。

　　在一般所謂的八大行業（晚上的娛樂事業），每到傍晚黃昏之時就會燃燒金紙，其作用在老師判斷上，認為並非是金紙發生作用，而是因燃燒金紙時，產生了溫度而發生作用，所以如焚燒普通的紙張，應該也是可以發生相同作用，即燃燒物品產生溫度而將周邊的氣吸進來，依此類推寺廟也就有了類似情形，這也就是寺廟附近的屬性，故適合在廟旁作與廟有關的生意，而比較不適合當一般住家的原因。

　　如果現居住於此而無法搬遷，且本身又非從事作

生意，則可用種植盆栽樹木方式來加以防衛，此作用
目的就是讓樹木之氣被吸，而保護居住此處之人的氣
不被拉走，但要知道這只是一些緩衝作用，並非長久
之計，如果可以避免還是儘量避免，尤期在香火越鼎
盛廟宇之旁越是不好，但如是從事生意則其生意是非
常興盛，所以說廟旁只適合作生意，並不適合做為一
般住家。

　　另外如居住於醫院之旁是沒有關係，因廟與醫院
兩者，廟有焚燒香與金紙因此其所產生的氣場是比較
強盛，而大部分上認為醫院是為比較陰晦的處所，而
認為比較容易沾上無形之物，其實無形之物本身就漂
浮不定，不會在同一個點，故不會有易沾上無形之物
的事。

（三）門戶相對雙方，對方貼有佛像，只要大門一打
　　　開就看得到，如此對住家是否會有影響？

　　一般而言如果一開門，看到的時候其感覺是很
喜悅的，這就有兌卦的喜悅之象，如所見到的感覺是
不舒服、不愉快，那就有兌卦的毀折之象，佛祖是代
表辛金（西方）而辛金代表兌卦，所以佛祖是為兌卦，
兌卦在說卦言：「說言乎兌，兌為毀折」，所以兌卦有
秋收喜悅或毀滅摧折之象，所以說開門所見感覺很喜

悅，那就有豐收之象成澤山咸卦䷞之象，反之所見是不愉快，那就有了毀折之情，而有山澤損卦䷨之意。

　　所以可用物品加以遮蔽，或將出入之處稍為位移，要知道卦並非是一成不變的，《易經》六十四卦只是一個大綱，因每卦尚有對卦、錯卦、覆卦、綜卦、互卦等，所以必須以當時各種時空因素解析而非一成不變，依上述只要心情不同，產生的結果就不同就可以知道其意。

（四）問病時卦爻所代表意義為何？鼻子有病且聞不到味道，如卜到坤卦其意為何？

　　用卦問身體病情，在卦爻的第六爻（上爻）代表頭部，第五爻代表頸椎、胸部或上焦部分，第四爻為腹部中焦部分，第三爻為肚臍以下下焦部分，第二爻則是腿部臀部，第一爻（初爻）則是腳趾或腳等行動力問題。

　　由卜到坤卦就可瞭解其病況，因坤卦是不可能聚集辛金，因此也就代表聞不到味道，要知道鼻子是以艮卦來代表，因為沒有艮卦之山☶就無法聚集雲霧辛金，所以如要用西醫類固醇方式治療，反而可多到山

上運動，讓戊土可以吸收太陽（離火☲）能量，且也可呼吸到新鮮空氣及芬多精，另外此象也有木土結合情形（木代表中藥），所以也可再加服食中藥，如此就可聚集雲霧辛金，鼻子（艮山☶）也就可慢慢的恢復功能。

二、易經六十四卦解說

（一）山水蒙卦☶☵（易經卦序第四卦）

卦辭： 蒙：亨。匪我求童蒙，童蒙求我。初筮告，再三瀆，瀆則不告。利貞。

彖傳： 蒙，山下有險，險而止，蒙。蒙亨，以亨行時中也；匪我求童蒙，童蒙求我，志應也。初噬告，以剛中也；再三瀆，瀆則不告，瀆蒙也。蒙以養正，聖功也。

大象傳： 山下出泉，蒙；君子以果行育德。

　　在一般而言水是代表智慧與錢財，何以說水代表智慧、錢財？

　　在我們的學理上是非常簡單，是因為水壬可以儲存溫度，當太陽丙火照射海平面之時，海水就會感受到太陽溫度，所以他就可以持續儲存溫度，假設出生日為壬水，而旁邊有丙火時，那麼財就會主動而來，

而且壬水之人可把財變大，其原因是太陽照射海洋時，壬水之中會多了一個太陽丙火，而且也因反射的關係，所見到的太陽是變得更大的，因此才言壬水之人可把錢財變大。

　　雖然一樣是水但癸水反而會把財變小，其原因乃癸水是從天而降之水，當他從天而降之時溫度就會降低，如此丙火太陽情性就會被遮蔽，另外壬水與丙火太陽關係是一高一低，二者是八卦所言的水火不相射，當水火相射則是地球毀滅之時，而水火不相射就是因各司其位互不干擾，但壬水他卻可以接受到丙火太陽的能量。

　　山水蒙卦☶☵之象在高山沒有辦法聚集水資源，而蒙卦之主體是在艮卦，就傳統關念上都認為在發生水災之時，可用艮山來加以阻擋，但艮山真的可以阻擋得住嗎？其實那只是一般人的觀念想法而已，在實際上是沒有辦法的，另外高山本身也會主動產生雲霧（澤☱辛金），而當雲霧遇到太陽就會化為水，所以山水蒙卦☶☵的水是往山下而流，代表智慧錢財的坎水☵是在往外往下而流，也就是當戊土遇到壬水、癸水，是無法聚集水資源，也是代表錢財、感情是沒有辦法聚集。

從土的角度水代表財星,因此房屋與馬路落差很大(房屋與馬路落差如僅一階到三階是沒問題,如有五階以上就屬之,要知道階梯多為單數設置),這樣一高一低的房子就有山水蒙卦▦▦的象,因此住在此屋之人會守不住錢財,而且子女都會往外走、往外地發展,留下來的人就很少,因此人丁稀少,所以房屋與馬路落差很大,錢財及家庭成員是不容易聚集的,但一般鄉下之人當他稍有錢財,就會購置田園屋子(這也是發錢一種方式),所以他是現金沒有,但存下了田產,也就是透過了土地來保值,這也是山水蒙卦▦▦的另外一種象。

　　一般透天厝房子樓下作為車庫而樓上做為客廳,因此導至部分房屋樓梯就直接往外面向馬路,這樣的設計對住家是比較不好,而是應該稍做轉折不要直接面向馬路,如此才能代表有所阻擋,也就是不直接由樓梯進出,而是由一樓門面往外而出,才不會有直接瀉出去現象,但如果是在作買賣生意,樓梯就可以直接往外面向馬路,代表貨物可以很快的賣出去不會有庫存情形。

　　樓梯如有轉折除貨物搬運不方便外,而且容易會有屯貨賣不出去的情形,所以說任何人、事、物及形

象都是有分陰陽的，當做店面時是為陽、是為動氣，因此樓梯直接往外面向馬路是可以的，而做為住家時是屬陰、是為靜氣，就必須是有轉折的藏風聚氣。另外位於道路反弓之處房屋，如是用做店面其生意大都是不錯的，但如是做為住家就不好，因為做生意是屬陽，而反弓之處也是屬陽，所以說是人氣旺盛，而住家就必須是藏風聚氣，才能旺財、旺人丁，因此反弓就不好。

故住家應該是在反弓對面的環抱之氣，另外陰宅如在反弓對面，則也是一種環抱；所以任何事物都是有分陰陽，要視事物的屬性而定，因此位於反弓的房子並非就不好，須視其從事於何用才能定吉凶。另外路沖房子做生意也會比較興旺，但如做為住家就比較不好，因為陽氣旺盛故住於其內之人，就有比較不穩定狀態。

路沖、壁刀或巷沖的道理我們在家中即可做簡要的測試，例如將電扇面對牆壁吹拂，則氣流會隨著牆壁兩邊遊動，假如床舖是位於其遊動路線上，而人睡於其上就會受其影響，要知道電扇如直吹人體，人體身上毛細孔會緊閉，而起動自我保護的機制，因此反而比較不會受到風寒，如是沿著牆壁遊動而來的氣

流，人的身體就不會有如此做為，因此就容易受到風寒產生病痛。

所以人睡於床鋪上的位子，儘量不要在氣流遊動路線上，必要時可用房間櫥櫃、床頭櫃，來加以引開就可有效化解，也就是因氣流才讓房間的柱子、衣櫃以及所擺設的東西物品發生作用，如沒有氣流這些東西是不會發生作用的，這也就是一般所謂路沖或巷沖的道理。

壬旁有丁火的人為何？壬日旁邊的時柱如有丁火，即是所謂丁未，因壬可以儲存丁的能量，而且壬之後丁未的溫度是很高，所以壬的為人在賺錢上是很積極，但其脾氣則不是很好。

有人言房屋本身所面對道路（如丁字路口），如道路寬度大於房子門面，那就不算沖，而屋比路寬時就稱為刀、為箭，但事實上最主要陳如上述，房間電扇起動後氣流模式，原本氣流是繞圈子往前而動，但當氣流受到道路兩旁房子阻擋後，氣流就會形成直射往前，這就是形成沖的原因，所以屋比路窄時形成的氣流，其所直射的是面對巷道房屋的兩旁房子，而非道路正中央的房子，其原理就在於此，因此道路兩旁

的房子是首當其衝。

　　譬如說正對巷子的房屋，房屋門面大於巷弄，因此在房屋設鬼面鏡，及五枝木製刀形之物作為破煞意圖，事實上是沒有作用的，而刀形之物在對面房子所見，則會是形成另外一種煞氣，因此反而是會傷害到對方或因為氣流、風向來的方位不定，產生亂流而傷到自己。

　　另外五枝木製物品，當氣流來時雖可稍加阻擋，但當氣流被擋後，則會往此物兩旁流竄，反而會在此物後面聚集，而形成更強漩渦（在河流水中央插上竹桿，當水遇竹桿時水會往兩邊流動，其流動速度除會加快外，流過竹桿之後兩股水流再聚合時，因流動速度加快關係，因此在桿後會形成漩渦，此現象與設置五枝木製刀形之物，而形成更強漩渦意義是相同的），所以是不傷人反而傷己，故不要用此方法，反而可用栽植盆栽方式當替身，因樹木盆栽有生命，可當人的替身，栽植盆栽面積較大，而且樹木開展後就會有阻隔驅散作用。

　　房屋後面正對小巷子，一般稱之為暗箭，住於此屋之人，下腹部容易有開小刀情形（前面代表看得到

的上半身，後面則是代表看不到的下半身），此屋如果是店面則可用來做生意，因做生意時貨物是可以暢銷的，就如後面有人在幫忙推動，如當住家兼做生意時，人住前面房間，貨物則堆放在後面，如此就會將貨物很快沖走，代表貨物可以很快出貨，另外房子要有後門，氣流才會流通，且後面有門如發生災害，逃生也比較容易。

　　房屋後面正對小巷子如僅做為住家則可將盥洗室設置後面，也可設置為電梯使用空間，或於後門口處再隔一間房間，而此房間就堆放雜物而不用（當倉儲），後門平時就不要敞開（如是做生意則可），人就住於前面房間，如此就可減輕或分散力量，如其兩側又有巷弄，則其氣會往兩邊遊動，如此就會更為減弱。其實有很多作為，都是一種心理作用，實際上並非有其效果，諸如反射鏡之類的東西，另外尖銳的東西反而是會傷害到自己。

　　一般人而言使用卦位，都是喜歡用正、用合，但用正、用合失敗率確是很高，因此用反方向的錯卦，其成功率反而會更高，雖然不敢言百分之百成功，但從負面角度來看他是比正合來得高，因此以老師立場就比較喜歡使用錯卦思考邏輯，當然這也是易經卦象

的一種邏輯，也因當大家都用正時我用錯，如此反而
會比他人有更多的機會，也就是當大家在用易卦的合
時我就用沖。

　　譬如一般生活起居房間不要在虎邊（西邊），但
老師生活起居房間就在虎邊（通道在龍邊），要知道
當你擁有虎邊的時候，會比擁有龍邊還好，當然這是
老師個人的邏輯，但這也是使用錯卦的邏輯。一般看
房屋內部房間龍虎邊之方法，為立於房屋大門口然後
面對外，如此左手邊為青龍，右手邊為白虎；但事實
上所有的立向，也只有坐北向南的房子才是真正的左
青龍、右白虎、前朱雀、後玄武之立向，其餘都不是。

（二）坤卦▤▤▤▤（易經卦序第二卦）

卦辭：坤：元亨，利牝馬之貞。君子有攸往，先迷後
　　　　得，主利。西南得朋，東北喪朋。安貞吉。

象傳：至哉坤元，萬物資生，乃順承天。坤厚載物，
　　　　德合无疆，含弘光大，品物咸亨。牝馬地類，
　　　　行地无疆，柔順利貞。君子攸行，先迷失道，
　　　　後順得常。西南得朋，乃與類行；東北喪朋，
　　　　乃終有慶。安貞之吉，應地无疆。

大象傳：地勢坤，君子以厚德載物。

　　　　坤為地▤▤▤▤是坤遇到坤，因此本身就有己未的

象；但其是否有己丑之象？丑本身藏干雖也代表己土，但丑位是後天的艮卦，他是代表高山而非平地之土，因此坤卦就比較沒有丑的象，而坤所代表的是平地，所以就有己未之象，然將坤設為未的平地，就會少了水的情性；若將坤設定為一般的地，不是未土，那他就有水的情性。

因己未的未是高溫，位在西南方，在月份為農曆的六月，時間則是下午的 13 時至 15 時，所以將他設定為己未之時，是不強調水而是強調乾燥的土地，如現在天空陰沉沉，且稍下小雨溫度也稍冷，這樣的屬性就是坤為地，另外為何說坤為地含有水？因為先天八卦之位在北方為坤卦，而在後天八卦此位為坎位，因此有水地比卦 ䷇ 之象。

所以坤卦本身就暗藏了水，然而在西南方也有申，而申為 7 月是準備做為壬的長生，因此在己未之時溫度高，脾氣暴躁且沒有安全感，這也就是其另一種屬性，所以是設定為坤或為己未，當陰天之時就代表坤，而在太陽高照之時他就代表為己未之象，因此我們可以因為季節、時間而產生了一種動爻，所以在陰天之時卜到坤卦代表坤土可得到水之財，因坎坤同宮是代表有財。

　　而己未本身是為燥土，燥土會吸水，所以得財機會比一般人更多，但因為是平地如沒有低調謙卑，那水就會快速流走；另外水會來親比，代表其比他人可以得到更多的機會，但要好好的把握住這些機會，不然水一走就全部沒有了，坤的錯卦為乾卦（錯卦就是把卦爻中陽爻變陰爻，陰爻變陽爻），所以對錯即是陰陽兩面，也就是表面上是坤，但內心上伏有乾陽的力道，所以己未本身也是很有執行力與魄力，即伏有庚申乾為天的力道。

　　以上在易經各卦均是有此現象，由此可以推論一排房屋，如有一家很會賺錢，那他對面的房子就不再強調錢財，而是強調某一方面的能量，因為不可能相對的房子都是賺錢的，然而也不能說賺錢的對面就是虧本，這就是應用錯卦的原理；故當其強調錢財時，對面之屋可能是在強調功名、學術，即對面的這家人可能書讀得很好，或是其人緣是很好的，即很會交朋友，有很好的人際關係、人脈，如此也就是所謂的陰陽相剋。

　　所以坤卦以己未來代表時，遇到了太陽自然而然的就會長出甲乙木，當然遇到水時也會長甲乙木，另

外在遇水時所代表的也比較傾向屬於較暗的財，坤是可承載任何的五行（木、火、土、金、水），也就是說只有己未可以承載任何的五行，譬如戊戌在水勢強大時就會產生潰堤，但在己未不論各個五行有多大，都可以承載、都能包容，所以坤為地卦 ䷁ 是能厚德載物，德合無疆。

◎如果卜卦卜到 6、6（採用的是 10 的倍數，也就是天干之數），如此二者那一個的能量比較高？

雖然上下坤卦二者都是沒有變化，但在 6 與 6 則是會有變化的，因為後面的 6 為未，所以其能量溫度是比較高，而且下卦是含有方位、季節、時間性，尤其當太陽炎熱時，第二個 6 溫度就比較高，如沒有太陽或晚上時，兩者則是同屬性，即二者是沒有變化的，所以在太陽高照且炎熱時，則是代表了 6 的結果論，因此第二個 6 其能量比較多且較旺，也就是動爻是在時空的變化上，這就是坤卦上下卦彼此間關係的情性，而其他的特性就如前述包含了坎水，生長甲乙木等暗藏的能量。

宇宙間的符號（易經三）第三講（2016/03/23）

一、問題與解說：

（一）老師曾言：有壬水之人其旁有丁，則其脾氣很
　　　不好，而現有男命其四柱：年柱甲寅，月柱辛
　　　未，日主壬子，時柱丁未，其平時對媽媽很貼
　　　心，但只要脾氣一發作，就會將媽媽當作小孩
　　　般責罵，試問有何方法可以改變此性格？

時	日	月	年
丁	壬	辛	甲
未	子	未	寅

　　要分析研判並提供解決辦法，首先要找出人物的
定位（傳統上稱為六親定位，也就是人事物的定位），
此柱為男命而壬是屬水，因此須從生我者為正印、偏
印的關係來找出其定位。

　　在六親定位中能生我者之同性天干為偏印，而能
生我之不同性天干則為正印，而論夫妻必須一陰一
陽，論事就非一定是一陰一陽，六親推演是透過五行
（金、木、水、火、土）及五合（天干五合）相互關
係而推展。（可參考老師所著萬年曆 26-27 頁男、女
命六親表來推演）。

此柱是為男命依六親定位關係,其與母親是不同陰陽,他是屬陽水所以推論出,此人母親為辛金而父親為丙火,從直接的命柱中雖無丙火,但是在地支人元藏天干中,寅中是藏有甲、丙、戊,所以說寅中有丙,而寅的本氣也為甲木,又寅也是丙、戊的長生,所以又是火土共長生。(可參考老師所著萬年曆24-25頁,地支人元藏天干十神對照表,及 23 頁十二長生排列表)。

　　出生日人壬水之壬,其丙是代表父親,因為被我所剋之異性天干丁火為正財、而同性天干丙火則為偏財,所以丙戊兩者是同陰陽,而丙火的妻子則為辛金,經過此種推演後全部都符合六親定位的關係,若定位錯誤想再用其他角度或方式,做推演或配套也都不會是準確的。

　　到此確認父親為丙火母親為辛,二者是為丙辛合,所以定位是無誤的,在月柱辛未(父母宮,代表母親)只要未的溫度升高,則辛就會被毀滅不見,辛、未二者合而為澤地萃卦☱☷,即辛金在高溫之上是很脆弱的,所以只要溫度(代表脾氣)生高,就會產生將媽媽當小孩責罵狀況,且此男命在結婚之後其情形會更為嚴重,因此男命太太為丁火,而丁火的脾氣比

壬更差，且他也不敢得罪太太，因為丁坐下為高溫的未土，未土代表壬水之女兒。

　　在此格局中壬水男命太太為丁火、父為丙火、母親為辛金，因此只有透過甲寅才能降溫，要知道溫度最高的季節是在月令，其次為時辰，所以在此四柱中的未月、未時其溫度都是很高，前述言須透過甲寅才能來降溫，但男命中的甲寅位在年柱，雖然也可冷卻降溫，但因位於年柱，故冷卻速度不夠快，只是瞬間而已，也就是在發完脾氣之後，回想其責罵母親過程時，才會有短暫的感到不好意思而已。

◎在此格局中如何保護辛金呢？
　　須透過戊寅來保護辛金，但已如上述寅是在年柱冷卻速度不夠快，另外方法是可以透過戊與丑關係，但因丑未往往被認為有丑未沖情形，要知道當溫度升高時，就很容易產生情緒上的反應，故在實際上當丑未沖時，因用沖可讓其瞬間達到降溫，也就是在脾氣發作之時，責罵言語（水代言語、記憶體、可以儲存能量溫度）是瞬間爆發出來的，所以可以用丑將壬水（代表言語）阻止及瞬間凍結。因此用戊寅或戊丑是可以保護辛金的。

在上課中曾言辛金須透過戊保護（戊土代表艮卦
☶高山），辛金因為有戊而產生源源不絕的能量，因
此才稱之為澤山咸卦☱☶，所以說辛金須戊來保護，
那麼戊也是代表壬的約束官星，然而此格局中雖也有
正官未（時柱的未），但此未土是為平地，是讓壬水
可以暢行無阻，代表他是不會受到工作所約束，喜歡
從事自由自在的工作，若此人從事於業務人員職務，
則其業務成績是相當的好，如從事生意買賣，則也會
做得很好。

原因即在於己土的官星沒有辦法約束他，因此代
表事業可以暢行無阻，然雖其生意做得很好，但是否
能賺錢呢？

此格局之人寅中有丙、有戊，未中也有丁，且壬
的財星在未，所以其財很旺，只要能讓其溫度下降，
如此一切就會很好。在降溫方法上，譬如房間不要西
曬，以避免溫度過高，因為溫度會影響人之情緒，如
此就可減少其心浮氣燥，另外儘量保持屋內空氣流通
讓溫度適中，在平時則儘量穿著淺色系衣服，少穿重
色或暗色衣服，空閒時間的活動，可多前往戶外爬
山，到山上散心可以降低其溫度，因為高山是戊土艮
卦☶又樹木茂盛之故。

　　另外從甲寅角度上，現如有女朋友而沒有結婚，則其脾氣會比較好，如果沒有最好交個女朋友，其原因是未結婚之時為劫財狀態，即是仍處於子水、癸水，當結完婚後則變成壬水溫度會比較高，此人到現在不結婚，是因他想要有此種感覺，在實際其如結婚生了兒子，脾氣反而會有所轉變。因為其子在八字中為戊，所以就會有降溫情形，可以讓其情緒穩定下來，但要記得生了兒子，則必須同住在一起，否則就沒有調適作用。

　　在傳統學術上此一格局也是財多身弱，因為丁、未，未中的丁等都是代表財，除了這些外其他的都不存在，在傳統上庚與辛是來生壬子水，但此處只有一個辛，因此其力量不足，所以才言是為財多身弱，但只要讓其溫度下降，那什麼事都可以解決，另外也可以加以反推，此人在家脾氣不好，在實際上他在外面，一定是受到很大的壓力，也就是在外遇事都說好或沒問題，但當回到家裡時，就會對家中老小發脾氣，反之對家中老小很好之人，在外可能隨時與人發生口角鬥毆，這也就是情緒上的抒發，也就是一種陰陽的屬性。

　　總而言之此格局只要降低其溫度，就可讓其情緒

穩定下來,而要降低溫度如採用庚申生壬水方式,則脾氣會更大,因為庚申易引起更大的狂風,遇壬水形成狂風暴雨,因此須依前述透過戊、丑、寅來降溫,而且透過戊除可降溫外,又可產生源源不絕的辛金,讓甲寅更為根基穩固,相對的就可以減少脾氣發作,若此人結婚婆(辛金)媳(丁火)是丁剋辛,而非甲戊關係,所以婆媳兩者感情不好,但可以採與婆婆分居方式來避開,若只是女朋友就比較沒有問題,其原因為辛金長生在子,如此婆婆與女朋友是會站在同一陣線,所以採用同居方式會比較好,雖然此人能力已是很好,但如與女友同居,又生有兒子則其能力會更好,因為有了戊土(兒子)的存在其格局會更高。

傳統上認為土來剋水且財多身弱是為大凶,但其實這是不對的,所以整體上而言其只要有戊土就會好,因此就如前述爬爬山,到山上散心可以降低溫度,另外生個兒子(戊土)就會改變,另外方法是可以用戊辰將其水收存,也就是配帶用木或辛金雕刻的小龍(辰庫),尤其辛金之龍可以產生雲霧,讓水更為足夠如此溫度就可以降下來,且辛也代表母親因此對其母就也會比較好,由此可知要提供解決辦法,就是溫度高就用降溫方式,如溫度低就採用升溫方式達到平衡滋補。

在分析研判命理之時，有時須要透過反推方式來求取真理，前曾述及木火蛇無婿，金豬豈有郎的孤戀煞（參考老師所著萬年曆 112 頁），其中是木火蛇無婿呢？還是水火蛇無婿呢？

往往因為前人木刻字體的失誤，而造成後來學習者的誤解，要知道從水的角度，巳火的本氣代表丙火太陽，餘氣戊土的祿位及庚金的長生，而丙代表正財，還有是戊的祿正官，及庚金的長生正印，所以如果是水蛇，就代表財（丙）、官（戊）、印（金）全部存在，而且都是正官、正印、正財，因此水蛇就不可能有所謂孤戀煞存在。

如果是木蛇而言，從乙木的角度，丙火為傷官（傳統上認為傷官剋官為禍百端）、戊為偏財、庚金為正官，所以乙木直接對巳火是為傷官，由此推論夫妻宮坐傷官就會剋正官，因此才稱之為孤戀煞，故書本所寫不一定是正確，因此可以用反推方式來加以證實確認。

（二）友人想於台南市安平區購置預售屋，因恐該地原為沼澤之地，會有問題因此卜問，結果卜得澤地萃卦☱☷然並未購置，後在 2016/02/06

台南大地震之後，再以此問題再卜而得水地比卦䷇，試問此前後兩卦之意為何？

初次卜問得澤地萃卦䷬，代表有土往下陷，水往上升情性，亦即有土壤液化之象，但以現在建築工法，是可以克服的所以安全無慮，尤其在 1999/09/21 南投大地震之後，房屋防震的建築係數規定都有一定的標準，而在台南大地震之後又卜得水地比卦䷇，一般而言動的卦是往下，故雖為比卦但有地水師卦之象，也就是水地比卦與地水師卦是共存的，另外因靠海邊比較容易聚集無形之物，也比較有風煞問題，所以牆壁容易有水份滲出（吐涎），但並不影響其安全，所以此屋應是沒有什麼問題，由卦象而言是代表可以與此屋共同生存。

在前後所卜二卦中，後卜得到的水地比卦䷇，是初卜的萃卦動了第四爻而成，所以在畫卦上先加以標示，所以並無其他意思，然因此二卦所卜時間不同，且卦上每一爻是可以指導一個月，所以可以代表此兩卦，卜卦時間相差四個月（動在第四爻），卦象言此處前為沼澤之地，容易聚集無形之物及風煞辛金，但經過四個月之後，已打好基礎不會有崩塌之險，他是可以共存共榮。但應注意如有購買此屋，在要入住之時，須以大牲之禮祭拜，因澤地萃有大牲吉

之意（萃卦卦辭：亨。王假有廟，利見大人，亨，利貞。用大牲吉，利有攸往）。

　　一般購屋之時如卜到澤地萃卦☳☷，代表屋內有依附無形之物，如遇此狀況須先到附近廟宇祭祀（一般是土地公廟或城隍廟）祈求收留超渡此無形之物，然後在獲得神明首肯之後，返家以祭祀用的金銀紙一捆做為基座，上插以紅紙書寫無主孤魂牌位（如知姓名則直接書寫其名）讓其依附，然後祭祀呼請告知己祈求事項，祭祀完成後將此牌位放入可遮蔽陽光盒子之中，再攜往同意收留超渡廟宇火化，在前往路程上如上、下車，過橋，過縣市、鄉鎮之時，都須呼叫此無主孤魂一同上、下車及過橋，因橋代表界限有護橋將軍把守，如不呼請其可能害怕不敢過橋，所以須呼請才敢過橋前往。

　　然而此種方式實際上是否真的有效，實在是不得而知，但至少是符合了陽世間的邏輯，且可讓當事人安心入住。

　　另外在灑鹽米之時要特別注意，米是代表辛金的結晶，本身含有氣的存在，而鹽代表亥水，因此有巳亥沖之象，故要灑鹽米之時須先呼請無形之物迴避，

以避免渠等遭受傷害，同時也可避免了其因遭受到傷害，而引來報復行動。

另外同學言烤乳豬，在烤乳豬的情性是有澤風大過卦之象，大過卦本身也有根基不穩之意；此卦上卦澤為辛金，下卦巽卦為乙木，而乙木、卯木代表尚小，所以是代表果實尚未成熟，就要強摘而食之因此反而是不好，所以說不要食用未成熟之物，故千萬不要食用烤乳豬。

（三）己酉之柱其情性為何？

己酉之柱其卦象為地澤臨卦（將卦轉換為天干地支，原則上所採用方法，如可成柱直接以天干地支表示，如沒有辦法成柱，就以天干對天干表示）為普夏的果實是很容易生長，所以代表此人內心富有，認為金錢、東西用完之後，很容易的就會再生長，故說此柱之人很懂得犒賞自己。

此柱己酉是很好的但如位於時柱時（子女宮），則女孩子在懷孕時，就須留意流產問題，因此己酉柱位於時柱，日柱不是丁就是壬，女命丁的子女星為己，也就是丁的食傷，而丁會破壞己，壬也會讓果實受損，且己酉（地澤臨卦）本身就代表是土下隱藏

的果實，所以其屬性遇丁、壬就容易受傷，且在己土之下的果實（酉），有比較有容易脫落現象。而果實脫落也代表子女星脫落。於此之外女孩子日柱如為己酉，其命是很好是懂得犒賞自己的。

（四）門牌號碼 8-12，做生意店面為如何？

　　號碼 8-12 如在創業上是可以的，因 8 與 2 可以依附在 1 之上，但主體是在 1 而非 2，因此代表此處是有二個人在處理事物，而且 8-12 問卦之人，是為 2 而非 1，所以其並非主體只是協助者。

　　在傳統學術上 2 乙木遇到 1 甲木是為劫財，就以劫財來論，但在我們所研究的學術就很簡單，2 遇 1 是乙木（樹葉）依附於甲木（樹幹之上），所以主體就是為 1 甲木之人，他有可能就是 2 乙木的共同經營者，而 2 會尊重他並會從旁協助，而 2 之人本身也是智多星，而 1 則是可以看得遠（1 代表比較高大的甲木），但在小細節上就比較不會考慮到，因此須透過乙木為之。

　　此號碼 8-12 做為生意店面是很好的，主體（1 甲木）客體（2 乙木）都是很和諧。若是兩個 1 就會產生不和諧之象。

（四）門牌號碼為 36-88 從事民俗之推拿，其推拿情形是否安全？

此處之推拿是沒有問題的，因此象有至此處之人在筋骨上是有問題，其象是辛金會破壞乙木有雲霧密佈情形，再經推拿之後透過丙火（3）可將雲霧驅除（8），此號碼有澤地萃卦 ䷬ 之象（68），代表客人筋骨不佳，再經過其推拿之後，這些狀況會改由其所背負，所以此人全身都是病，其可處理他人之疾，但對自己之病卻無法處理。

再以 36-88 而言都是代表同一個人，也就是不管八字或其他都是代表同一個人，然後各個數字再區分本身或其周遭人事地物，如最後的 8 代表自己，而其他數字則代表周遭的環境，己土可以代表皮膚、表皮（6），代表其推拿之後聚集了很多辛金（8）在其骨頭之內，而 88 也代表兌卦，兌言與朋友講習，所以此二字有相互告知相邀而來之意，來到了此處透過指壓推拿（即 3 所代表的丙火，意為其在釋放丙火）而可以去除了酸痛，所以總說到此處做推拿是有效且是安全的。

（五）手機號碼為 888281 其情形為何？

此手機號碼是很好，如以此號碼問筋骨問題，則

代表有容易酸痛情形,但如從事生意,則是行銷高手
生意很好,但此處8還是須要有火的能量,所以在太
陽升起時就須起床,因如此就代表有火的能量,另外
在命柱中無丙火因此宜配帶有雕刻丙巳者,在丙申的
今年是可以不用帶的,而明年為丁酉其能量就稍弱,
所以還是帶著丙巳比較好。

　　在前一講言針對路衝、壁刀的房子,或位於廟周
遭住家,用種植樹木盆栽方式加以防衛,如栽種盆栽
較多,可就平時有觸摸,或認為距離較近的二、三棵,
予以繫上紅色蝴蝶結,也就是附予此二、三棵作防衛
責任即可。

二、易經六十四卦解說

（一）地雷復卦 ䷗ （易經卦序第二十四卦）

卦辭:復:亨。出入无疾,朋來无咎。反復其道,七
　　　　日來復,利有攸往。

彖傳:復,亨;剛反,動而以順行,是以出入无疾,
　　　　朋來无咎。反復其道,七日來復,天行也。利
　　　　有攸往,剛長也。復其見天地之心乎!

大象傳:雷在地中,復;先王以至日閉關,商旅不
　　　　　行,后不省方。

地雷復卦▤▤代表從新開始，在十二辟卦中是從亥的宮位（全陰坤卦▤▤），然後一陽到來的地雷復卦▤▤產生是為子月，因此在奇門遁甲中，到了冬至之後稱之為陽遁（陰極陽生復▤▤），而夏至則是陰遁（陽極陰生姤▤▤），故復卦是在強調陰極反陽、姤卦為陽極反陰，因此在地雷復卦▤▤是為己土（上卦▤）與甲木（下卦▤）關係，是木要破土而出，而木要破土而出代表有重新再來之象，故卜到地雷復卦▤▤代表所問之事會重新再來一次。

復卦也是有不穩定的狀態，因為甲木▤本身是喜歡戊土▤，而現在所顯示的象只是在土裏面的能量（木為能量代表有生命東西），剛要萌芽成長而已，即是剛要破土而出（然要破土而出就須透過震動▤，也因震動會產生聲音，故稱之震為雷▤▤），即在土下一陽出生，故說是重新開始且不穩定，因此他是期待戊土的出現，就是少了核心團隊，期待有好的部屬，以鞏固公司的營運。

地雷復卦▤▤與雷地豫卦▤▤兩者，則好是上下卦顛倒，豫卦是木長成之後不穩定，而復是要從新開始，所以當主體為己土（地▤）之時，遇到甲木（雷▤）為地雷復卦▤▤，若主體為甲遇到己土則為雷地豫卦

☷☳，在豫卦己土會讓甲木沒有安全感及產生不穩定狀態，所以表示對財與感情會有不安全感情形，在地雷復卦☷☳表己土之人會重新或自己創業，他可以無中生有，創造生機。

　　如果要創業卜到本卦則是好的，因為他是重新開始，但依卦象是五陰爻壓在一陽爻之上，代表在剛開始之初，是會受到五個陰爻的壓力與阻擋，因五陰爻也代表外在、周遭之人的聲音，但對他而言其能量是足夠的，可以突破所有陰爻。

　　對於卦的表示可以不用天干地支代表，而是可以用一柱來表達，所以地雷復卦☷☳除用己甲外，也可用己寅因為都是同屬性，但因並無己寅所以用己甲來代表，而己甲在傳統觀念上是己甲合，而合大家會認為是好的，但此象是陽剛出生所以是代表一切之人事地物重新再來。

（二）地火明夷☷☲（易經卦序第三十六卦）

卦辭：明夷：利艱貞。

象傳：明入地中，明夷。內文明而外柔順，以蒙大難，
　　　　文王以之。利艱貞，晦其明也，內難而能正其
　　　　志，箕子以之。

大象傳：明入地中，明夷；君子以蒞眾，用晦而明。

地火明夷卦 ䷣ 在易經中認為是太陽火不見，是火被地所收藏，是太陽能量躲在地底之下是看不到之象，但以我們的學術認為是在穩藏自己實力，因地火明夷卦 ䷣ 有己巳之象，如在天干則是己與丙，因表象是己土之下有丙火的能量，所以出生日為己巳之人其能力是很強，丙火、巳火是代表家中的男主人，己巳如同是女主人將家中男主人壓於地底下，代表其能力優於丈夫，所以男命為己巳之人，其能力也比其父親更好。

一般而言巳火是己土的印星，印星代表母親，何以可以做為其父親？因丙火、巳火也可以代表其他的人事地物，而丙火太陽只有一個，所以主架構上是可用來代表家中男主人，故可做為「主」的地位。

如女子問其丈夫卜到地火明夷卦 ䷣，是強調其丈夫受傷（雜卦傳明夷誅也），是她的能量比其丈夫強，因此代表巳火受傷。

如問本身狀況如何？因其內部有能量溫度（下卦為離卦 ☲、丙火）代表其能力在凸顯，有一些計畫策

略在等待機會執行。

如果把地火明夷卦平放成左右 ☷☲（左為主為☷、右為客為☲），而前後卦各代表一個人，前為主、後為客，如此後卦的離☲卦，對前面的坤卦☷是有助力的。

如卜問來此公司上班好嗎？在《易經》六十四卦中並無所謂的好壞之卦，完全是取決於問題主體的屬性，而不是看到明夷卦就認為不好，如此問題卜到地火明夷卦就是好的現象，表示自己來到了此公司，可得到想追求的學術、技術，也可得到此處所屬人事地物的加持，是自己的能力遮蔽了此處的人事地物，而此處之人也願為我無怨無悔的付出；即此處待己不錯應多包容。

如地火明夷卦 ☷☲ 問身體則是有火（紅色、血液之類）被壓在地底之下情形，是為火不見了之情性，代表屬火的臟器比較脆弱，是火的能量被土阻塞，因此是有心血管阻塞疾病。

（三）地澤臨卦 ☷☱（易經卦序第十九卦）

卦辭：臨：元，亨，利，貞。至于八月有凶。

彖傳：臨，剛浸而長。說而順，剛中而應，大亨以正，
天之道也。至于八月有凶，消不久也。

大象傳：澤上有地，臨；君子以教思无窮，容保民
无疆。

　　地澤臨卦於六十甲子為己酉，代表種子在土
下要萌芽，是無中生有之象才謂之臨，就如同客人突
然光臨，所以是要從地底下破土而出，其要破土而出
還是需要震卦（二三四爻的互卦），在復卦之時只
有一個陽爻，所以他是一個開始，但臨多了一陽爻，
代表其有生命力的存在，臨也是到達之意，也是親臨
現場，表示已慢慢的形成，但他必竟還是不穩定，因
為土尚太厚（其上尚有四陰爻）溫度不過，那麼他就
有可能受傷。

　　在臨卦的大象也為震卦（可將相同的一二爻合為
一個爻、三四爻合為一個爻、五六爻合為一爻者稱之
為「大象」，若非同時為相同二爻則稱之為「似象」，
如地天泰卦並非是相同二爻比率，因此稱之似震
卦或似兌卦之象），所以說臨卦還是須透過震卦才可
以形成，其陽爻比震卦多了一爻，所以生命是比震卦
更強，復卦是為重新開始，而臨則是開始後慢慢的穩
定成長之象。

（四）澤地萃卦䷬（易經卦序第四十五卦）

卦辭：萃：亨。王假有廟，利見大人，亨，利貞。用
大牲吉，利有攸往。

象傳：萃，聚也；順以說，剛中而應，故聚也。王假
有廟，致孝享也。利見大人，亨，聚以正也。
用大牲，吉，利有攸往，順天命也。觀其所聚，
而天地萬物之情可見矣！

大象傳：澤上於地，萃；君子以除戎器，戒不虞。

　　地澤臨卦䷒於六十甲子為己酉上下卦對換異
位則成澤地萃卦䷬，而澤地萃卦䷬於六十甲子為
辛未之象，是溫度太高所以辛金容易不見，是在強調
其心態，就如前述問題，脾氣一爆發就會讓辛金受不
了，如轉為大自然屬性，則是種子播於土地之上，必
須聚集很多的能量才有辦法萌芽，澤地萃卦䷬是草
木也是一種聚集，所以有死亡士兵依附在草地之上的
象，因此澤地萃卦䷬是須透過祭祀，才有辦法化解
魂魄。

　　而地澤臨卦䷒是生命力有土來保護，所以地澤
臨卦䷒是比澤地萃卦還要好，同樣是種子在土地之
上，但一個是有土的保護，另一個是種子灑於己土，
因未分散而產生聚集，導致須有部分淘汰，故代表會

有所折損,所以六十甲子的辛未就有受傷被淘汰之象,因此辛金就會產生壓力。臨卦是辛金仍在土地之下,而萃卦則是辛金已浮上地面,所以兩者屬性是不同的。

(五)地天泰卦䷊(易經卦序第十一卦)

卦辭:泰:小往大來,吉,亨。

彖傳:泰,小往大來,吉亨。則是天地交而萬物通也,上下交而其志同也。內陽而外陰,內健而外順,內君子而外小人,君子道長,小人道消也。

大象傳:天地交,泰;后以財成天地之道,輔相天地之宜,以左右民。

　　地天泰卦䷊為十二辟卦的寅月卦,上卦為己,下卦為庚,由坤為地卦䷁全陰到地雷復卦䷗的一陽、地澤臨卦䷒的二陽、地天泰卦䷊的三陽,是由一陽出生到變成三陽,泰字有春天之水的象,他是好的水是可以使用的,所以稱之為泰;而天地否卦䷋之水,則是混濁的是無法提供使用的,兩者之差別在於水之可用與不可用,以十二辟卦而言,否卦是在農曆的七月,是代表狂風暴雨之水,很容易引來髒亂的東西與石沙,故其水是不能使用的,而泰卦之象是土地之下有能量,故其水是經過土地的過濾,代表是

可以使用且是好的水。

　　如問感情卜到地天泰卦 ䷊ 就有三角關係存在，乃泰就是三個人加上春天之水，即凡是問到人事，都有三個人或三件事的象，在水而言代表了智慧，故他是有能力來處理這些事物，因此在泰卦而言，代表對事物是可以掌控的，所以泰的能量是隱藏在地底之下，地天泰卦 ䷊ 土地是靜止不動，他是透過申、庚來產生行動力，以及 3、4、5 爻的震卦 ䷲ 力量，從己土角度申與庚代表傷官，而傷官代表我所表現出來的行動力，也就是己土可以透過申、庚產生行動力，來達成所欲追求的目標。

　　地天泰卦 ䷊ 是屬於寅月是為春天，所以不會太過衝動，凡事經過制度規劃執行，而天地否卦 ䷋ 是農曆的七月是為申月，所以申與庚金的庚形成祿位，而此祿位會加強庚金的魄力，因為下卦為己土是為平地故可暢行無阻，因此說其處事比較直接，容易未經思考就出發，所以雖有魄力但處事比較輕率，容易造成事倍功半，寅月還是寒冷春天的季節，泰卦雖有庚金的行動力，但知道凡事先經思考後再出發、知道按步就班行事，這就是否卦與泰卦兩者形態不同之處，所以土下的能量是隱藏的，他會比表露出來的更好。

宇宙間的符號(易經三)第四講(2016/03/30)

一、 問題與解說：

（一） 在第三講中言男命甲寅、辛未、壬子、丁未，
可配帶木材或辛金雕刻的小龍來降低溫度，所
雕刻的小龍，應在何時配帶最佳？

時　日　月　年
丁　壬　辛　甲
未　子　未　寅

　　以在 105 年 4 月 2 日（星期六）戊辰時配帶最佳，
因當日為甲寅日而又在戊辰時，因此有甲辰之象，同
時也有了甲寅的引動，所以說此時開始配帶是好的時
辰。

　　配帶物件準則須注意，溫度高時可用甲寅，但溫
度低時則不可，所謂的溫度低，即在八字當中，有亥、
子、丑、寅等屬於較冷之地支，因此等八字如再用甲
寅，則本身會太過於保守會產生憂鬱，所以屬於這些
較冷八字者，原則上是要用丙巳，故溫度高用甲寅，
溫度低則用丙巳。

　　甲辰與甲、寅之差別，當地支為午、未、申是代表溫度很高，在傳統學說寅為驛馬星，但我們現在所研究學術，依大自然現象來說，寅代表冷、被動、慢慢來、不積極，因寅是為大樹，他是慢慢成長而來，所以八字溫度太高，就可透過他來降溫，而非傳統五行甲寅木來生火。

　　以甲辰而言其溫度高於甲寅，寅為寒春，辰為季春，已接近孟夏，所以是比較積極。辰可以收伏水，可以保護變革中的木，譬如庚申太旺傷了八字中的木，就可以透過甲辰或戊辰來保護或修護，即八字日主為庚金，而其他各柱均未出現甲木、乙木、寅木、卯木，則可以透過甲辰或甲寅來讓木提升，而木也是代表自己的錢財、感情，所以用此目的是來提升自己的錢財。

（二）天干地支由來為何？

　　天干、地支的出現相傳是由伏羲畫卦而來，但確切時間已不可考，根據最新考古發現，在商朝後期帝王帝乙時的一塊甲骨上，刻有完整的六十甲子，可能是當時的日曆。這也說明在商朝時已經開始使用干支紀日了。

另外根據考證，春秋時期魯隱公三年二月己巳（公元前720年2月22日），曾發生一次日食。這是中國使用干支紀日的比較確切的證據。而使用皇帝年號紀年則是漢武帝時期太初年號。所以《易經》六十四卦的解析應用，必須與天干、地支交互引用，才能更符合沒有文字時代的畫卦陰陽符號。

（三）如以當下時空來論斷，個人所有鑽戒是否已遺失？

　　現在時間為2016年3月30日9時20分，化為干支為丙申年、辛卯月、辛亥日、癸巳時、甲寅分。

分	時	日	月	年
甲	癸	辛	辛	丙
寅	巳	亥	卯	申

　　以此時空而論，東西並沒有遺失，因鑽戒為辛金，他是由亥流動到了卯，亥本身屬水會主動流到到卯位，所以鑽戒目前應該是在卯位（於方位為東邊或屬木之物所收藏），而卯屬木其可代表盒子、另外因旁有申，而申代表乾卦，而乾卦是自強不息，所以代表一種動態，那動態盒子就可視為抽屜，故說鑽戒是放在時常開啟的抽屜之中，但已非在原來所擺放的位

置，同時此物亦與其他的黃金飾物擺放在一起，因平時只有注視到其他黃金飾物，而未注意到此寶石鑽戒所以認為已遺失。

　　在時空卦而言以日主為分野，時柱、分柱是代表外面，月柱與年柱代表在內，所以是在房間之內，是由亥位流往卯位（卯位亦可論是在房間東南隅，另外因是由日支的亥水流往月柱的卯位，所以也可說是接近有水的盥洗室之旁）所以說並未遺失，在巳日（4月5日）那天找一找就可以找到，因為到了丁巳日就會曝光。

　　而何以是丁巳日？因是巳亥沖，亥代表暗巳代表明，現在時空日主是亥日，而六天之後是為丁巳日，若今天為己亥日，同樣是六日之後，因此就變成為乙巳日可以找到。

（四）何以不喜歡居於自家，而喜歡借住於朋友之家，若以其住家電話號碼1、9來論原因為何？

　　最重要原因是父母、長輩干涉太過，其時常借住於朋友之家，他人也並非無怨言，只是不好意思說罷了，所以說父母、長輩觀念改變，就會有很多的轉折；以1、9兩個數字而言，1為震☳、9為坎☵是有水雷

屯卦 ䷂ 之象，即是有水困木的情形，因此其住於此就會有不自在感覺。

可以用戊辰來作為轉變，另外也有可能是父母、長輩，在生活上要求比較嚴苛才有此情形，所以還是以彼此觀念相互轉變最為重要，因為不是電話的關係，而是觀念。

（五）除了以草木盆景方式以外，還有何方法可以防小人？

要防小人可以用黃色紙張剪刻成紙人，然後畫上身體五官、四肢，注意不畫穿鞋而是打赤腳，接著在紙人上書寫該人姓名（如知其生日可一併書寫）及速速離開字樣（例如：李某某速速離開，不管多少人須一人畫一張），紙人背面可書寫自己願望，目的在期望其速速離開，所以不要書寫詛咒言語，然後於巳時（9 時-11 時）在自家門前，用一柱香或合掌禱告後，同一小把金紙將其燒化（如公寓則可於陽台焚化），如此就會產生較少的交集，而相對的因較少交集，那負面的言語就會減少。

如與人訴訟亦可用此方法，訴訟官司是庚金進入子水，也就是天水訟卦 ䷅ ，其意有《易經》乾卦上

九爻亢龍有悔之象。

（六）用現在時空論（丙申、辛卯、辛亥、癸巳、
　　　丁巳）從事於建築業是否可行？

分	時	日	月	年
丁	癸	辛	辛	丙
巳	巳	亥	卯	申

　　建築是屬於土木也是代表印星，在時空卦中因沒
未出現土木的印星，所以代表他並非能力不足，而是
不願從事此項工作，其比較傾向有水、有火的事業，
也就是比較喜歡動口或動腦的工作，一般而言即是喜
從事設計工作，所以說如是學習土木建築事項是不太
適合，但如果是學習動口或動腦的監督工作則是可
以，這也就是其傾向水、火所代表屬性，乃水火是買
空賣空的屬性。

二、易經六十四卦解說
（一）地風升卦䷭（易經卦序第四十六卦）
卦辭：升：元亨，用見大人，勿恤，南征吉。
象傳：柔以時升，巽而順，剛中而應，是以大亨。用
　　　　見大人，勿恤，有慶也；南征吉，志行也。

大象傳：地中生木，升；君子以順德，積小以高大。

地風升卦 ䷭ 於六十甲子有己卯之象，但下卦巽為風、為乙木，因此也有乙的象，所以也可以是己、乙之配，以一柱而言則是為己卯，代表他能破土而出，而可以快速成長，即乙木是在蓬勃而生，當然所有卯木（乙木）都必須配合丙火（太陽），故如在白天卜到地風升卦 ䷭ ，代表乙木在快速成長，如在亥時卜到地風升卦 ䷭ ，並不是亥卯未的三合，而是代表亥水破壞己土及卯木，是一種受限。所以白天遇坎 ䷜ 代表壬、癸水，晚上遇坎代表亥、子水。

在傳統三合局「亥卯未合為木局」、「巳酉丑合為金局」、「申子辰合為水局」、「寅午戌合為火局」等都認為是好的其實並非如此，現就以此三合局現象來加以說明：

亥卯未：

亥卯未傳統認為水生木是很好，但實際上是有亥水破壞未土及卯木狀況，水生木所代表只是本身想法，在對方而言不一定如此，即亥水對卯木的關心，卯木並不一定感受如此，或許反讓卯木產生很大壓力，使他覺得亥水印星的關心是多餘的，造成了卯木

本身內心的傷害，此就是水滅木。

巳酉丑:

　　巳酉丑是為酉金入丑庫，而巳火為能量、溫度代表太陽，他能造就酉金快速成熟及丑土有溫度，在他們有所成就後就功成身退，所以巳酉丑這一組三合局，最大的獲利者是為丑土，最大的犧牲者為巳火太陽，其情形為酉金入丑庫同流合污，因此巳火被遺忘而不了了之。

　　譬如三個人共同經營生意，以丑土擁有的房屋為店，然後由酉金出資並利用巳火的人脈及能力將生意做大，當生意穩固之後酉被丑吸收，而巳火反被淘汰了。因此在八字之中，如果出生日為巳火，而旁邊只要有酉及丑（其排列位置不管），那他可能是被犧牲者，而最大獲利者則是丑。

　　巳酉丑合局其中最重要的是，巳火沒有辦法溶化冰土的丑，只是讓丑感覺有能量溫度而已，所以巳火只是付出而已，然後酉也往丑而走，但酉金最後又入了丑庫，被丑收藏所以也是白忙一場，若只有巳與酉，則巳火還可獲得一些利益，從巳火角度酉是為財星，財雖非永遠擁有，但如有出現代表曾經擁有，所

以財星代表曾經亨受或擁有,因此說已火本身是還有機會的,但酉金如進入丑庫就會被收藏,而形成了什麼都沒有。

申子辰:

申子辰三合是申金引來狂風暴雨,而讓子水產生流動,而子水入辰庫,申也功成身退,也就是子水入辰庫後申金被損掉,所以申子辰三之組合損的為申,當子入辰庫即子被收藏。

寅午戌:

寅午戌三合局是寅木依附在戌土,穩定的在成長,而午提供溫度、能量,造就戌土有養分,因此寅木可以穩定成長,到最後結果只看到寅木或戌土而不見午,由此可見不管是已火或是午火,火是被損去的人,午火為寅木、戌土吸收,而寅木最後依附在戌土,並為戌土所吸收,所以在組合之中以擁有土,比擁有其他會更好,因擁有火是比較不穩定的狀態,而且火也是代表付出。

所以在此屬性上己卯(地風升卦 ䷭),如遇到亥時或晚上的情性,如此亥就會破壞卯木、己土,因此說是有損之象,地風升卦 ䷭ 是需要在白天,尤其

在早上才能代表明火，所以卜到時間最好是在白天，尤其在早上是最好的現象，而在晚上則成亥卯未，是最不好的現象。升卦除可代表快速、向上推升、獲得承認、榮達、穩定的成長外，也可代表時間性、季節性、流行性的產物。

（二）地水師卦䷆（易經卦序第七卦）

卦辭：師：貞，丈人，吉无咎。

象傳：師，眾也，貞，正也；能以眾正，可以王矣。
剛中而應，行險而順，以此毒天下，而民從之，吉又何咎矣！

大象傳：地中有水，師；君子以容民畜眾。

地水師卦䷆於六十甲子之干支是為己亥，而地風升卦䷭是為己卯，己卯是春天的陽氣，所以怕在秋冬，陳如上述其怕亥時，而己亥則是不同，因本身為亥、為癸，故怕亥原因非是己的關係，雖其也有怕亥情事，但本身處於此環境之下成長，就有辦法來適合此一環境，猶如入芝蘭之室，久而不聞其香，如入鮑魚之肆，久而不聞其臭。

也就是原來環境沒有亥水（坎水☵），只要亥水（坎水☵）進來就會受傷，而己亥本身在有亥水環境

下，就比較不怕亥水，此時如果卯進來也構成了亥卯未的三合局，因己土本身也可為未土，因後天坤卦其位是未坤申，是先天的巽卦之位，而先天坤卦之位是亥，也是後天的坎位，所以己卯(地風升)、己亥(地水師)都有先後天同宮之情形。

坎卦的水有天干的壬、癸水及地支的子、亥水，離卦則有天干的丙丁火、地支的巳午火，因此只要先後天同宮其格局，會比其他的宮位高一些，這就是其所處環境，因此己卯可以讓卯木快速成長，故稱之為升，也有辦法快速修護甲木受損的傷痕，因其本身就在坤卦(致役乎坤)可以快速的產生木。

而地水師卦☷☵己亥之柱，是在強調地與水的關係，從己土角度亥水為財星，所以代表己土本來就適應了此種己亥關係，此象有亥水淘空己土之情狀，其實兩者是溶為一體，其所淘空的只是不好的爛泥巴而已。

三、卦之應用與說明

(一) 內外交易卦：

上、下卦互換謂之內外交易卦，水地比卦☵☷內外交易卦即為地水師卦☷☵，其意為換一個位置看事

情，也可說以角色互換來看待事情。

（二）綜卦：

　　即是彼此站在對立面看卦，以風山漸卦 ䷴ 為例，其綜卦為雷澤歸妹卦 ䷵，其意是言站在另一個角度來看事情。

（三）錯卦：

　　卦中各爻陰陽互變，即陰爻變陽爻，陽爻變陰爻，再以風山漸卦 ䷴ 為例，其錯卦為雷澤歸妹卦 ䷵。錯卦之意是代表此卦的影子，代表一種看不到的暗藏能量。

（四）互卦：

　　互卦又稱「卦中卦」分為上互卦、中互卦、下互卦共 5 個「卦中卦」：

一般互卦最常使用的為「中互卦」，取法如下：

　　以風山漸卦 ䷴ 為例，取 2 爻、3 爻、4 爻為下卦（即坎卦 ☵ 為下卦）取 3 爻、4 爻、5 爻為上卦（即離卦 ☲ 為上卦），故風山漸卦 ䷴ 之互卦為火水未濟卦 ䷿。

上互卦取法：

以風山漸卦 ䷴ 為例，取 3 爻、4 爻、5 爻為下卦（即離卦 ☲ 為下卦）原來的上卦 4 爻、5 爻、上爻為上卦（巽卦 ☴ 為上卦），故風山漸卦 ䷴ 之上互卦為風火家人卦 ䷤ 。

另一上互卦取法：

以風山漸卦 ䷴ 為例，取 2 爻、3 爻、4 爻為下卦(即為坎卦 ☵ 下卦)，原本的上卦 4 爻、5 爻、上爻為上卦(巽卦 ☴ 為上卦)，故風山漸卦 ䷴ 之另一上互卦為風水渙卦 ䷺ 。

下互卦取法：

以風山漸卦 ䷴ 為例，取 2 爻、3 爻、4 爻為上卦（即坎卦 ☵ 為上卦）原來的下卦初爻、2 爻、3 爻為下卦（艮卦 ☶ 為下卦），所以風山漸卦 ䷴ 之下互卦為水山蹇卦 ䷦ 。

另一個下互卦：

以風山漸卦 ䷴ 為例，取 3 爻、4 爻、5 爻為上卦（即為離卦 ☲ 上卦），原本的下卦初爻、2 爻、3 爻為下卦(艮卦 ☶ 為下卦)，故風山漸卦之另一下互卦為火山旅卦 ䷷ 。

　　卦中的互卦是可以把他當成開始、過程及結果，即下互卦是事情的過去，中互卦為當前狀況，上互卦為事情結果，因此將一個單獨的卦區分成此三個卦或五個卦，當成開始過程及結果。互卦也是一個排序的過程，即是此一卦本身事情上的一個序（此序卦與易經序卦是不同，易經序卦是在言六十四卦的排序，卦中卦的序是言此卦的過程）。

（五）序卦：

　　此是在言易經卦六十四卦的排序，如坤卦的下一個卦為屯卦他是代表未來，故序卦是在言未來，依此坤的開始就是為乾卦，代表了坤的起因。另外還有八宮卦序以及上述「卦中卦」之序。

（六）賓主卦：

　　傳統學術上認為下卦為內，上卦為外，但在我們的邏輯上卦為主體，如水地比卦☷☵是水想親近土地，主體在上卦，而師卦是土被水侵伐主體亦在上卦土，因此稱之為地水師卦☵☷。故賓主卦賓與主並不一定是內卦或外卦，代表形於外在的（上卦）或隱藏在內心、內部的（下卦）若把下卦當為主體則上卦為賓，反之把上卦當為主體則下卦就為賓。其意是我站在對方的立場換個角色，換了角度後把原有的東西作為一個

轉變。

以風山漸卦▤▥為例，內卦為艮▥為不變，而外卦巽卦▤就須改變，即將陰爻變陽爻、陽爻變陰爻，因此上卦變為震卦▥，如此卦就變成了雷山小過卦▥▥，其意如為自己不改變，而要求對方改變，如此要求對方改變可能很困難，倒不如自己改變，因此就賓（下卦）不變而主（上卦）變；依上述方法主體上卦巽▤不變，下卦艮▥賓陽爻變陰爻、陰爻變陽爻，變為兌卦為賓上卦不變，因此卦就變成了風澤中孚卦▤▥，此就是要求對方改變，自己站在不變的立場。因此賓主卦其意即站在雙方的立場來看事情，也代表由內而變或由外而變。

（七）包卦：

包卦之義為上下爻來包中央各爻，因此有上包卦與下包卦，以雷澤歸妹卦▥▥為例，取上六爻及第5爻加上初爻為上卦（震▥），然後餘下的 2 爻、3 爻、4 爻為下卦（離▥），形成了震包離的雷火豐卦▥▥。

另外取上六爻加上初爻、2 爻為卦（澤▥），然後餘下的 3 爻、4 爻、5 爻成一卦（坎▥），形成兌包坎的的澤水困卦▥▥。

　　所以雷澤歸妹卦☱☳其包卦震☳包離☲的意義
是代表言行，即除了要有好的行動外，且還須要有光
明及熱情的心，同時也須要有誠信，才能達到豐盛、
富足、昌榮的雷火豐。

　　另外兌☱包坎☵，兌為喜悅、敞開的溝通、為澤、
為雲霧，而坎是為良知，因此表象是喜悅、快樂，但
也須有坎的良知良能及危機意識，故雷澤歸妹卦包卦
的兌☱包坎、震☳包離，其所代表意義為必須言行合
一。

（八）之卦：

　　也就是動爻之後的卦，即動爻後所形成的另外
的一個卦。如乾卦☰☰第一爻動，變成天風姤卦☰
☴，天風姤卦☰☴就成為乾卦的之卦，稱之乾之姤；
如三爻動，就形成天澤履卦☰☱，天澤履卦☰☱就
稱之乾之履。

四、何謂大象辭與小象辭

　　以乾為天卦為例，他是由二個如此☰的三爻符號
組成，稱之為乾為天是《易經》六十四卦之中的一卦，
此一6爻組成卦象稱之為大象，此卦會用一辭彙來說
明，此這整體6爻符號的意義，稱之「大象辭」，如

乾為天的大象辭，象曰：天行健，君子以自彊不息。如山地剝卦的大象，是唯一的陽爻很容易剝落，所以在此大象辭，象曰：山附于地，剝；上以厚下安宅。大象辭中所要告訴，就是可能會損了財、損了利益，既然如此，不如多些福利獎金，來安撫民心等等稱之為大象辭。

而小象辭即在說明 6 爻卦中各爻的現象之意，如乾卦初爻象曰：潛龍勿用，陽在下也。其意是在言雖是有能力，但在時機未到之時，尚非自己的舞台，所以不要過於顯露，因陽尚在下，這即是小象辭。而小象也有言動爻之意，也就是初爻的變化，也是孔子在講解六爻更具體的看法。

五、易經大象辭之中所謂的君子

即是在言學易之人。目的就是告訴學易之人應以何方法來處理事情，也可以說是給予學易之人指導處事的簡易範例。

如山地剝卦大象辭：山附于地，剝；上以厚下，安宅。上一句「山附于地」是代表卦象的形成，此處也告訴其主體為上卦，而所形成之卦為剝卦，其之所以為剝是因一高一低，高的會剝落於低處，因此

代表卜到剝卦或命卦為剝卦，那有可能就是會有剝落
情形，而剝也是一種損失，他可能是損了財、損了利
益或其他物事。剝卦大象辭不言君子或先王，而直言
上以厚下安宅，「上」是代表在位者或主事者，即代
表這些人如何來面對自己的損，因主事者既然知道了
會損，故可將這些該損金錢、利益，撥付給下屬當成
犒賞，即在位者或主事者應該釋放一些利益給下屬，
讓他們可更盡心為公司負責。

宇宙間的符號（易經三）第五講（2016/04/06）

一、 問題與解說：

（一）平時身體體能不佳且又有鼻病，無法以爬山
　　　運動來療治，是否可以用自己八字來探討其
　　　原因。

　　　不用本身八字而直接以當下的時空來探討，現在
是 2016 年 4 月 6 日早上 9 時 03 分，排成八字其組合
為丙申年、壬辰月、戊午日、丁巳時，庚子分。

分	時	日	月	年
庚	丁	戊	壬	丙
子	巳	午	辰	申

　　　何以不用本身八字而用當下時空？因為與提問
者同年、同月、同日、同時、同分之人，目前狀況不
一定與同學相同，所以用當下提問的時間，這就是一
個契機，反而可看出一些端倪。在整個格局是缺少了
甲木、乙木，而木代表人之筋骨手腳，因無木所以是
雙腳受傷或乏力現象，因此也就無法從事爬山的運
動。

　　　然後再從格局中觀察，乙木長生是在午，表示其

長生力道還很弱，且其最後落點為子，而子又是辛金的長生（長生才有正３的能量，所以說力道還很弱，此能量是由十二辟卦陽爻產生而來，而陽爻也代表太陽的能量），所以在此格局邏輯之中，乙木長生在午當他到了子之後，其能量可以說是完全不見，因為辛金剋乙木。

　　因此整個格局甲、乙木是比較弱的，唯弱並不代表完全沒有，現在剛好是在白天而且是巳時（問卦時間可視為動爻），在巳時中剛好有庚金的長生，但庚金的長生卻受限於子（庚金長生在巳，死於子），綜觀整個格局其所顯示的是，用走路方式是會有所不便，然而並非就此不動了，而是仍然須要運動，以此格局而言要動方式，則是可以透過水的能量為之，即可以用游泳方式來運動。

　　何以言透過水呢？因此格局中其落點在水（子代表水），而木要復活就必須要有水的能量，而且庚金長生已經凸顯陽氣，而要讓陽氣修護乙木（筋骨、關節）因此就必須透過用水的方式來療治，另外在此格局中也有申子辰，而申子辰為北方之氣，而巳午是為南方之氣，所以水火兩者是需要協調，才能達到水火既濟，若能達到水火既濟 ䷾ 就能修護，而能修護就

可恢復身體的功能。

　　所以其意代表只要在水中，就可以達到丁巳所代表的溫度與能量，換言之就是在水中就有修護的能量，因為火的能量為陽氣，而陽氣也為庚金，而庚金也代表乾為天的乾卦，所以說可以不用爬山方式，而是可以透過游泳水療方式來療治，即可達到復健的效果。

（二）上講中所提問鑽戒是否遺失問題，因故尚未
　　　尋找是否可再提示更確切位置以利尋找？

分	時	日	月	年
庚	丁	戊	壬	丙
子	巳	午	辰	申

　　同樣以上述時空卦看，鑽戒應該是在庚子之位，辛金長生在子，所以是在子水之地可以找到，也就是房間內比較靠近有水氣地方，即可能是掉落在浴室櫃子與牆壁夾縫之中，因子（水坎☵）本身代表暗或是看不到的地方，所以說看到的象是在夾縫之中，因所見到的是辛金表象，但是是在含有水氣地方，故說未遺失而是掉落在夾縫之中，因此可以朝此方向尋找。

（三）以癸丑、庚申之象，論女孩子是否可以找到
　　　結婚對象？

客　　主
庚　　癸
申　　丑

　　　以癸丑、庚申而言，該女孩子應該是長得不錯，
雖然有人介紹結婚對象，但卻沒有男生願與其交往互
動，其原因是此象中的癸丑天寒地凍，給人感覺是有
一點冷冰屬性，但他外在所表現的確是很熱情（庚申
之象），在一般男生對結婚對像選擇，都是比較喜歡
文靜形的女孩，但若是要做男女朋友或當為情人，那
就會比較喜歡活潑的類形，因為當前介紹者是以兩者
結婚為目的，因此該女孩應該是先以癸丑方式來表
現，但他切沒有用此方式來做為，反而是表現出庚申
現象，因此就有陰陽定位錯誤現象，致沒有辦法達成
介紹者的目的，只要她改變此陰陽定位，那很快的就
會有結婚對象。

（四）八字之中如日柱與時柱丑、未相沖，如此應
　　　如何解決？

時　　日
柱　　柱
未　　丑

此問題很簡單以前曾講過,可用時空方式來加以更改,事先找一個自己認為好的八字,然後將此八字寫入自己八字之中,再依以前所講方位處理即可,那就代表已將此八字更改過來了。但改過來的八字也須有能量來驅動,如此才代表有更改過來,最簡單方式可將此八字,放於手機內裝電池的地方,如此此八字就有了能量在驅動。

　　學八字之人最重要的是要忘掉自己八字,實際此一含意並非是真正的忘棄,而是不要用自己八字來當做印證,要用別人的八字,因為以自己八字來做印證,最後會被此一框架所框住,而無法將你的能量施展開來。

　　譬如批流年就會受寫流年的那張紙所束縛,要知道每位老師所批流年,並非就是正確無誤,因此如在意這些事情,那就會被這些文字所限制,有人說自己並不在意,因此何以知道其在意呢?反推想批流年之人,就表示他在意的,如不在意就不用批,因為人生的吉凶禍福,一半以上都操在自己的手裏,所以只要一批就會受這些文字所繫。

　　另外為他人批流年時,使用文字就必須特別注

意，應多採鼓勵方式書寫，唯當前百分之九十老師並沒有如此的做為，反而是會書寫須注意那些事，你的子女、老婆、老公…要注意因此導致當事人被束縛而影響其生活。

（五）前介紹他人至一家餐飲公司服務，但老板待人十分苛刻，現在若前往代為說項，是否會引起相反效果呢？

　　以地山謙卦☷☶的未（地☷）、丑（山☶）來論，前往代為說項是可以的，因可他是能用未的溫度溶化丑土，從現在開始到申時（即午未申等時辰都可以，但到了酉時就會受限），前往代為說項是不會產生反效果的；在事情處理上有時必須以進為退再以退為進，也就是要讓對方知道，自己存在對他的價值為何，所以說可以讓他先休息，當該公司找不到合適員工，想要回頭來邀請時，此時就可以提出自己所想要的待遇。

二、由自然環境體驗天干、地支中彼此關係

　　以己土、戊土與壬水的關係而言，壬水沖刷己土之時，僅能沖刷掉己土的爛泥巴而已，以平時溯溪就可以感受得到，腳所踩到的是硬的溪底，而爛泥巴早被沖刷乾淨，剩下的己土則是可以承載壬水的，而戊

土就會產生土石流，戊土所形成的水庫，雖可儲存水，但是無法承載過多的水，因過多的大水（壬）就會潰堤、土石流。

所以水庫水過多就必須洩洪否則就會潰堤，對己土而言在《易經》六十四卦中，他是代表坤為地的坤卦，而坤卦是可厚德載物，所以說己土（坤 ☷）可以承載任何東西，而戊土（艮 ☶）是有其壓力的極限，無法承載過多的壬水。這就是傳統學術不用大自然五行的一種迷失。

三、易經六十四卦解說

地山謙卦 ䷎（易經卦序第第十五卦）

卦辭： 謙。亨，君子有終。

象傳： 謙亨。天道下濟而光明，地道卑而上行，天道虧盈而益謙，地道變盈而流謙，鬼神害盈而福謙，人道惡盈而好謙。謙尊而光，卑而不可踰，君子之終也。

大象傳： 地中有山，謙；君子以裒多益寡，稱物平施。

謙卦是己土與戊土組合，如要組成一柱（干支）可以用己丑來代表，一般而言會認為丑代表己，但丑的方位是在東北方（東北方方位含有丑、艮、寅），

也就是後天的艮卦之位，所以丑是後天的艮卦，在地支藏干之中丑中藏有己土，因此認為丑是為己土而與戊毫無關聯，但在方位上艮與丑是同在一起，而東北方位區域是為寒凍、結冰所以用丑代表，但冰會因溫度的關係而產生變化，而有了變化他就會改變情性，因此丑才用己來代表。

以辰而言本氣是戊，因為辰是透過高山聚集而成，也就是至少須有三座高山圍繞，中間才能空而產生儲存水的辰庫，所以辰土是為陽體，但其用是內在的陰，因要空才能裝水，有如杯子看到的象是艮卦，但打開以後內部是低的、空的是為辰庫，也就是看到的只是表象，實際上裡面是可以盛乘物品，如此即代表陽體陰用，但在丑（本氣己土）所看到的是陰體，因為他是冰的且是會溶化因此是為陰體，但其用在陽因為他代表艮卦（少男），所以地山謙卦▤▤可以是己戊或己丑關係。

地山謙卦▤▤謙字拆開為言與兼，代表說話與行為都要兼顧，且都必須要低調（己土之關係），如此才有辦法獲得由戊土（艮卦）所釋放的水，也就是才可由戊土獲得利益，所以當出生日為己土（坤▤），而旁邊又有戊土（艮▤）時，只要謙卑低調，就可獲得戊

土（艮☶）所釋放的水資源，也就是須要如此才能得到錢財、利益。

　　但如果要讓錢財源源不絕，更必須兼顧言行舉止，在《易經》六十四卦中，唯有謙卦六爻皆吉，這就是謙卦的特性。

◎原已養寵物貓一隻，如欲再養而卜到地山謙其意為何？

　　地山謙卦☷☶這代表此二隻貓會互相爭鬥，佔在飼養者角度，是希望它們和平相處（言及兼），但卦象是一高一低（因是己土與戊土關係，即平地與高山的象，若是卜到水地比卦☵☷，就代表可相親相和），因此先前所飼養的貓，會認為地盤沒有辦法鞏固（以己土☷角度認為艮土☶會侵犯他），所以本身會產生防備。

　　但假如另外一隻是自行而來，則原來的寵物本身會有興奮情形，若由飼養者親自抱來，那他意義就不同，牠會認為自己已失寵，所以會攻擊新養的寵物，故欲新養可由寵物自行由外而來，如此就不會有爭鬥情事。

　　地山謙卦☷☶如用在問卜財運而言則是好的，因

為低處者可以獲得高處所釋放的水資源，即會有高剝落於低的情事，因此代表高的在損財，而低的可以得到錢財。

　　地山謙卦▤▤在人事而言則是思維不同，高低落差兩極的情形，因地山謙卦▤▤於六十甲子有己丑之象，若將之轉化為地支，則是丑與未的關係（己土為坤卦而坤卦在後天方位為西南方的未、坤、申），因此有丑未沖高低落差情形。而未也代表溫度高可以將丑溶化，讓丑釋放出水資源，但是從未變成丑，則是由高溫變成低溫，是由亮麗變成阻塞，所以說每一個象都是不相同的。

四、易經卦中各爻名稱由來

　　在易經卦中的六個爻位一般稱之為初爻、2爻、3爻、4爻、5爻、上爻，其何以會採用這些序，通俗上是初配末、上配下，才是一陰一陽的道理，因為上下本來就是定律，就如事件開始到結束的過程也是一個定律，但其之所以沒有初配末、上配下，是因為兼顧到時與位的問題。

　　所謂的時是代表初與末，一般都認為剛開的時辰是非常重要，所以在事情伊始時間上，都認為是很重

要的，重時也可說是重時機之意，在普羅大眾若欲做重大之事就會事先擇良辰吉日，其目的即在尋求一個好的開始，因此才稱之為初。

在六個爻中既然有上就應有下才對，但是上下是在強調位置、位階、階級，即在人生在奮鬥過程中，到最後的一個階段是停留在何處（何位），即就是個人人生的定位。

初、末是代表時所以在剛開始之時，時是比較重要，因此用「初」來代表，但到了最後位重於時因此用「上」來代表。所以用初與上是在兼顧「時」與「位」，也就是兼顧到所有的定位，然後上、下，初、末，所包含的 2 爻、3 爻、4 爻、5 爻都是相同因此就沒有特別加以定義。

每一個位置每一個時間點，都要把他分陰陽，而所謂的陰跟陽，我們會認為 1、3、5、7、9 為奇數為陽，2、4、6、8、10 為偶數為陰，但這些數字與 2 爻、3 爻、4 爻、5 爻等爻的名稱又會產生衝突，因此把他畫分 1、2、3、4、5(5 置於中宮)為剛出生的數，稱之為生數，而出生之後經過歷練，就會有所成長所以就稱之為成數，也就是接續的 6、7、8、9、

10 為成數，接著去掉 10(10 置於中宮)如此生數與成數都成單數。

　　成數中的 6 與 8 為陰數之代表，而 7 與 9 為陽數之代表，陽是在釋放而陰是在收縮，就如汆盪時當東西遇熱，就會將內部物質釋放出來，而將冰塊放入熱食之中則會馬上縮收，所以陽是在釋放而陰是收縮，當陽在釋放時其數是由 7 到最高數為 9，6 與 8 為陰但當陰收縮時會由 8 縮至最小的 6。

　　在成數中 7 與 9 為陽，9 為老陽而 7 為少陽，老陽是陽的極數，而到了極數之時就會變，而 6 與 8 為陰，而 8 為少陰 6 為老陰，而老陰是陰的極數，相同的到了極數也要變；老陰與老陽都是由少陰與少陽累積而來，所以由少而老是一種量的變，但從老陰老陽的極數之變，首先又變成少陽少陰，這是一種質的改變，所以稱之為質變，從量變到最後會成質變，而質變後又會成量變等不斷的循環，而成陰陽交媾生生不息。

　　6 與 9 分別為陰陽的最高點，如此在陰陽之中就會以這些符號來代表，即用陽極的 9 與陰極的 6，來代表陽爻或陰爻（為便於分別因此以國字的六、九代

表陰陽),因此各爻前面會視其為陽爻或陰爻而以六或九冠之,但如上述因凡事重視伊始之時,所以第一爻就會以初為名。

現以地山謙卦為例,第一爻為陰爻因此同時也將初放於前面,所以稱第一爻不稱六初而稱為初六,再來依序位置為2、3、4、5就會將陰陽放於前面,所以第二爻為陰爻就稱之為六2,第三爻為陽爻就稱之為九3,第四爻為陰爻就稱之為六4,第五爻為陰爻就稱之為六5,到了最上爻是到了最後,而最後是最重位置所以用上,其就如同剛開始之時用初之意,因此將上置前面而代表陰、陽之稱的6、9就置於後,所以最上爻的陰爻就成為上六,這就是各爻稱呼與排列的原由。

要知道天外有天、上是更有上,所以上是可以無限的延伸,表示上面還有一個上位者,當然上也可以代表是一個階段的終止,但因為他是代表上下的位階定位,而初與末則是時,開始的一個引動,構成易卦整體的時與位,因此也成為易經書寫的一種符號,當然事情人事,都是由下慢慢累積而來,由基層累積到高位,當其處於何位時,也代表了其權力到了何處。

　　若把六爻比喻成植物，初爻可代表是樹木隱藏在地底下，是讓人看不到的根，而根之後長出苗為第二爻，繼而為樹幹為第三爻，當樹幹穩定之後就能開花為第四爻，再而可以結成果為第五爻，而結成果後就如剝卦上爻的碩果不食，留下了最好籽子再為傳承為第六爻的上爻，這也就是六爻之位義思，也是人生奮鬥的過程，凡事都是慢慢的穩定扎根形成實力，才有辦法看到好的結果與豐收，但到了最後功成身退，果落土下準備繁衍下一代。

　　如將六爻當成人事之位置，初爻為基層的員工擴大就是平民百姓，然後為第二爻的士大夫，再來三爻為部門主管為王侯，四爻為執行長、總經理為宰相，五爻為董事長、為九五之尊，最後上爻為顧問、為宗廟也就是退位的賢臣、太皇，所以位置不同就會產生不同的結果；以人生生命過程而論，六爻也代表了童年、少年、青年、壯年、盛年、老年的六個人生階段。

五、易經卦事項應用範例與說明。（以地山謙卦 ䷎ 為例）

　　在《易經》六十四卦中，只有地山謙卦 ䷎ 的六爻皆吉，因此認為卜到地山謙卦 ䷎ 都是好的，但其實並非如此，因卦非由想像而來，而是依據事實來論

斷,所以說卦本身並無吉凶,而是依所問之事來論吉凶,也就是所謂的吉凶悔吝生乎動,故在判斷上勿單純的依卦象而論,而是須依所卜問的事情、事項,而做正確的判論,現在就以地山謙卦☷☶來做應用範例與說明。

(一)運勢:

運勢是代表我往外之象,將地山謙卦☷☶平鋪,上卦為主體,下卦為客體同時也是結果,主體代表我、代表事物的原始狀態,客體代表我以外的人事地物對應關係的一個結果論,依卦象而言,有一出門就遭遇到高山的阻擋之象,而地為未土,山為艮卦為丑,未、丑也有由夏天進入冬天之情,所以有水遭受凍結狀況,而其象也有由白天變成晚上的情況,因此問運勢時卜到地山謙卦☷☶,代表運勢是受阻的。

(二)事業:

經營事業所希望的是,能順暢並有所營利,當卜到本卦時所顯示的象,是由高溫變成低溫,代表事業並沒有以前那麼順暢,但切可獲得高山的水資源,也就是在感覺上事業沒有想象的忙碌,但所獲得的營利之利潤確比以前較多,因此言在事業上並不會忙碌,但獲利確是相對的增加。此種情形就是雖然產出少,

但相對的耗損也減少，且是價格相對提高，因此所獲得的利潤也提高了。

相反若由丑艮山☶變成坤土☷未，則是事倍功半，因為由丑艮山☶釋放給未坤土☷，代表未會比較忙碌，雖有錢財但確沒有辦法掌握，可以說是做多賺少，就如削價競爭而沒有利潤，所以說是事倍功半白忙一場。

（三）謀職：

謀職其意就是代表要改變，也就是由甲公司要跳槽到乙公司，或是要轉換變動職業等等，其象是由未變成丑，代表目前工作是非常忙碌，因此跳槽後的工作會比較輕鬆。

但是地山謙卦☷☶的跳槽並非是比較好，而是被凍結，因此是有有志難伸的情形，若只想輕鬆工作那就沒有問題，若想要有所發揮及受到重視，那由未（坤地☷）變丑（艮山☶）所代表是已被冷凍，因此就無法學習到本身想要學習知識，這就是其所顯示屬性。

（四）婚姻：

問婚姻意思是在問結婚好或不好，故問婚姻目的

是代表要瞭解結婚以後，彼此二人互動關係，及其所有的感受。

此象在未結婚之時坤地之主是火的能量很旺，代表交往時兩人的互動是很熱情的，但結婚之後就沒有了未結婚時之熱情，彼此之間變成了冷冰冰的情形，相敬如冰。

（五）創業：

創業是代表無中生有，其象自我感覺認為創業好像是很好，但實際上是被凍結了，所以創業是會受到阻礙，其象有出門遇到艮山阻礙情形，因此代表創業是受到了阻礙。（卦象感覺上為未坤土，其實是為丑的艮山）。

（六）感情：

此處所問感情有尚未結婚的男、女朋友之間的關係，或是結婚後彼此之間感情狀況，是著重於當前彼此間相處狀態。

以地山謙卦現象是一高一低，因此代表在感情上的認知，彼此之間觀念落差很大，乃坤地與艮山之對應關係上。

（七）家庭運：

依卦而言上卦代表自己，而下卦代表面對的家庭成員，但也可將上卦代表在外，下卦代表在家庭內，所以說本身在外是很熱情，但回到家後是冷冰冰的，因此其對家人的表現是冷漠且硬梆梆，所以必須要有所調整，對家人不必如此自謙，應有話就直說，如此就可以解凍。

（八）子女運：

在子女運上有兩種解釋，第一種是自己與子女關係，另第二種解釋是子女本身的運勢。第一種若是自己與子女關係，那就與家庭運是相同的；第二種是把上卦當成子女自己，把下卦當為子女運勢的結果論，那代表子女運勢是受阻的。

（九）財運：

只要主動積極，財就可以源源而來，就如上述財運是很好的，但何以須要主動積極呢？因為未坤土☷想要把丑艮山☶溶化，就必須主動積極而為，且卦象坤土平地與艮山☶為一高一低，如果能加以溶化水資源就可源源不絕而來，故言必須主動積極財才能源源不絕。

（十）買賣：

因下卦艮山☶丑是代表凍結，所以說在買賣上，對方是會有所考慮，所以須要靠自己的口舌去溝通說服，讓對方改變想法，如此自然而然財就可以進來，因此代表買賣是可以成功的。

（十一）股市：

股票是屬於文書性質、屬木之特性，代表有價證券文書契約，在房屋地契上也是具有此相同屬性，即是都由紙張書寫而成，而紙張就與乙、卯構成了關係，因此就牽涉到乙木與卯木情性，而乙木與卯木的情性是喜歡丙火、巳火、己土、庚金。

而地山謙卦☷☶上卦為坤為未、下卦為艮為丑，論結果是看其最後落點落於何處，也就是看上卦所對應的下卦，而股票目前落於此空間當中，那就要瞭解當股票進入此空間後，其是否能成長，而來下論斷，由坤土（未）進到艮山（丑）是代表進入了凍土，而此種土壤會讓乙木與卯木受傷，且可能將乙、卯木加以凍結，所以股市是自己所沒有辦法掌控的，而且在判斷上也會有錯誤，因此在股市上是會把財變小及被凍結與套牢。由此也可反推只要乙、卯進入此空間都是會受損、受傷。

（十二）健康：

　　在健康上火代表血液循環，尚在未時代表血液循環還很好，但瞬間變成了丑代表是被凍結，所以是血液循環被凍結而阻塞，在嚴重時有手腳麻痺情形，當更嚴重時則有血管阻塞情形，因為由未變成丑表示流動受阻，而且丑有凍結之象，另外丑中有辛所以也要注意血管不通情形。

（十三）疾病：

　　從未土變成丑土，是由平地坤☷土而變成高凸的艮山☶，因此代表有增生之象，另外丑、未沖，冷熱相差太大，因此也有產生增生狀況，所以須注意增生問題。

（十四）約會等人：

　　上卦未(坤地☷)代表熱情積極，但對方是丑冷冰冰的（下卦為艮山☶），所以自己必須主動積極去尋找，譬如約於甲處，但對方可能跑錯位置，且對方在等不到人時也不知改變，所以等人時自己必須先到且主動尋問，如此才能等到人，否則就會無法相會。

（十五）尋人：

　　一般而言尋人是代表應往何方向去尋找，即往何

方向尋找才可以尋獲,因此在尋找時要依據最後落點為之,也就是最後落點方位在何方,下卦為艮山☶(丑)即是代表最後落點,丑艮寅方位是在東北方,因此尋人時應朝東北方向及比較冷或偏僻地方尋找。

(十六)失物:

東西並沒有被移動過所以並未遺失,仍然是放在固定地方,且所放位置是在艮☶(丑)東北北方位,是被物品遮蔽而已,另外也有可能是放於此東北北方位的高處(櫥櫃上方或凸出之處,因丑代表艮卦是為高處)。

(十七)外出旅行:

一般占問外出旅行,是在問此次旅行,是否好玩及是否平安,既然要外出其實就不要占問是否平安問題,除非卜到不好的卦,就要放棄此次的旅行,不然就不要卜,免得有罣礙,出門在外只要一切小心為上即可,但如問是否好玩,因一高一低由熱變冷,代表此次旅行與自己所想的落差很大,會有失落的感覺。

(十八)訴訟糾紛:

訴訟糾紛到最後會不了了之,因為自己想提告以找出解決之道,但對方凍結不為所動,因此最後也沒

有辦法為之，所以只有不了了之。

（十九）考試：

考試與股票是同性質，從坤☷未變成艮☶丑代表是乙木、卯木受傷，是被凍結所以考試成績是不如預期。

要記得任何人提問是否考得上？基本上都要言只要努力就可以考上，也就是用鼓勵方式為之，如直言不成那就會害到占問人提前放棄，雖然象是考不上但採鼓勵方式可讓其持續努力。

（二十）天候：

上卦代表現在天氣，下卦代表要問情形的結果論，所以在天候上是由溫度高（未）且有太陽天氣，變成了溫度低且為陰天的天候（丑代表冷及陰天），同時丑也為凍結，所以是辛金被凍結，因此沒有辦法下降成雨，故在天候上是陰天且溫度低冷。

論卦時要做吉凶判斷，必須注意所占問的事項屬性，以這些屬性進入卦中的六爻空間，所產生各種變化做為論斷的依據，就如上述六爻名稱初與上、九與六，是代表了時與位及陰與陽，而乙、卯，代表的是

文書、合約、股票、考試成績等,故當占問此等事項時,就看這些屬性進入了卦爻空間後,所產生變化來加以推論與判斷。

　　另外上述股票亦可視為錢財一種,而未(坤土☷)的財屬水是代表能益木的春夏之水,所以當前所看的股市是不錯的,但投資後是成為下卦所代表的丑(艮山☶),是進入了冬天的水是會被凍結,因此乙卯就會受傷凍結,故說此次股票投資是會被受限並套牢。

宇宙間的符號（易經三）第六講（2016/04/13）

一、 問題與解說：

（一）何謂『六甲窮日』？

　　歷史上有記載的『六甲窮日』，出自『資治通鑒・漢光武帝建武元年（西元 25 年）』，劉玄派王匡、成丹、劉均等合軍十餘萬，圍攻鄧禹。鄧禹大敗，手下大將樊崇戰死，韓歆及諸位將領勸鄧禹撤退，鄧禹不允，隔日為癸亥日（六月二十六日），王匡認為此日為「六甲窮日」，不吉，宜避戰，故按兵不動，鄧禹得以休整軍隊。次日，王匡全力出戰，輕率冒進，被鄧禹打敗，鄧禹斬殺抗威將軍劉均，河東郡守楊寶，中郎將弭強等人，鄧禹徹底平定河東郡。（上述時間西元 25 年、六月、二十六日，化為干支相關說明如附註）。

　　現依上述歷史記載來推論「六甲窮日」，按古代是以干支來紀日，而天干、地支的最後一個字，分別為癸與亥，而其言隔日癸、亥日（六月二十六日）為「六甲窮日」，所以應該是六十甲子日中的最後一日為癸亥日。即當癸與亥所組成的干支之日謂之「六甲窮日」，然而此日是否如古人所謂不吉，依上述歷史記載情形而論，鄧禹因此而得以生息養兵最後獲得大

勝，所以說「六甲窮日」是否不吉那就不得而知。

　　另外五術派別眾多，而各派所用的詞彙不盡相同，一般而言「六甲窮日」應是指甲的七殺，如日柱為甲寅，而年柱為庚申（可參考萬年曆第 104 頁的十惡大敗），即日柱的甲辰、乙巳、壬申、丙申、丁亥、庚辰、戊戌、癸亥、辛巳、乙丑等，配合了年柱的天剋地沖稱之，所以「六甲窮日」基本上是在於庚午時，再來就是與年柱的天剋地沖，譬如日柱甲寅，年柱庚申；日柱甲子、年柱為庚午；日柱甲辰、年柱庚戌；日柱甲午、年柱庚子；日柱甲申、年柱庚寅；日柱甲戌、年柱庚辰，如此剛好是六個甲的天剋地沖，而這一日也剛好是年柱沖剋日柱，就是天剋地沖稱之。

　　在我們的學理之中，甲辰日甲木在辰土春天之氣是不錯的日子，但在傳統學術中確認為是十惡大敗，當然要成為十惡大敗還須有其他條件，最重要的是日柱為甲辰，而其年柱剛好是遇上庚戌，因而造成了天剋地沖的情形；因為天剋地沖力量是比較大的，他是全部都顛倒因此也稱之為反吟，如果天干地支都相同又稱之為伏吟。

　　另外日柱為甲日者其時辰為午時都是庚午時，因

他是會有庚金來劈（可參考老師所著萬年曆 13 頁，甲己之日的午時為庚午時）。再說寅要申來沖也只有壬申時，另外在地支上也是如此，如甲辰日之沖也只有甲戌時；而甲午也只有甲子而已，因為如此才有子午沖；甲申日也只有丙寅時。以上各柱可以說都有相沖相剋現象，如甲寅日的壬申時，壬申產生了狂風暴雨，而此狂風暴雨會危及甲寅的生存能力。

　　綜合上述所說須是年柱或月柱，才會符合那些現象，譬如日為甲辰而本月為庚戌月，如此庚戌月的甲辰日，是為月、日沖就稱之為月破，如是時與日沖則稱之為日破，而年與日沖又稱之為十惡大敗，當處在流年、流月、流日、流時遇上這些時辰，實際上也不會有什麼狀況，因為在八字之中就有很多的神煞，故這只是傳統上的一些名詞而已，實際對上這些八字的當事者並沒有什麼吉凶。

　　故上述日柱之人，遇上天剋地沖流年時，也不用太在意，他只是一個名稱而已，不一定會產生真正的凶，就如前人在命理上，訂了甚多的神煞，其目的是讓人以為遇煞而須祭改，然後其再以協助者角色，從中幫忙以獲取利益，事實上這些神煞也不一定會產生不好的現象。所以要知道連自己都處理不好的老師，

其有何能力能為他人佈局？因此可以反推五術名師，對自己都無法做有利的佈局者，那他是沒有能力為他人做有利的佈局。

對事情判斷其實是很簡單，因只要從其生活習性上，深入觀察然後正反兩面推理，大約就可概略瞭解其生活及心理態樣，譬如同學提問在浴室配置大面鏡子好嗎？

一般而言在浴室配置大鏡子，並無所謂的吉凶，然而確可顯示出此人有自戀狂，所以每進浴室盥洗必定很久，因為他有自我欣賞的性格，何以能夠做這樣的推敲呢？道理很簡單這就是由其思維，進而判斷其生活情境，這也是一種借象來反推像，反過來如從來都不用鏡子，代表此人生活簡單，不重視外表且不修邊飾，當然這是不從吉凶來論的，而是從生活面來加以探討的。

(二)有人問屋內樓梯代表什麼？

樓梯可以代表人的脊椎、腸道（他能貫穿上下），如在樓梯擺放物品就如樓梯增生東西，因此其象就有消化不良容易便祕，以及脊椎不良生長骨刺情珍，再來譬如家裡擺了很多的石頭，那代表增生了硬的東

西，因此就有長腫瘤或痔瘡狀況，若擺在門外那可能就有外痔，如門外栽植果樹果實成熟時又不收成，而任其掉落腐爛，代表此家有人生長腫瘤，且正在發炎無法控制，對以上這些情形可以說都是借象來反推。

綜合以上所提各種情形，並不代表就是有吉凶，只是就其象作反推而已，譬如有人增生腫瘤，但手術後就可以痊癒，但有人就是治不好，所以吉或凶非單一問題，其尚有其他外在因素存在，因此不要自己嚇自己。

（三）屋外是否可以種植榕樹？

一般皆言榕樹屬陰其實並不正確，最重要的是因榕樹樹根，會分泌一種樹乳分解所附著東西並加以穿透，故屋外種植榕樹可能會危及房屋的地基結構，因而對房子產生安全上的疑慮，再來其生命力強生長年限又長，本身又是甲寅，故很容易棲息辛酉，因此比較容易招來無形之物，且其種子也多掉落後又容易腐爛，就如上述容易引起增生腫瘤，且有發炎而無法控制情形，所以大家才比較不喜歡在屋外種植榕樹。但如只是將榕樹種於盆栽之中，那就不會有上述問題的產生。

（四）擇日之義為何？

男女結婚請人擇日，其義只是屬於一種儀式而已，一般擇日的老師，都是參考紅皮的擇日通書，而通書是由前人書寫流傳而來，其所記載認為是好的時辰，其實並非全部都是好的時辰，譬如通書中記載每逢甲午日，其吉時必有壬申時及庚午時，在甲申之日其吉時也有庚午時，但是如用了這些時辰，必定會發生事故。

何以會有如此情形？理由很簡單依現學的學理就可解釋，因為甲木最怕庚午與壬申，所以說紅皮通書記載並非就是正確，故說擇日、日課只是一種儀式而已；其實處理事物並不需要擇日，只要是自己喜歡的日子，那這一天就是好日子，譬如結婚之日親朋好友都能來祝賀，使自己心情更為愉快，那此日就是最好的日子。

二、易卦六爻別稱與定位

以坎卦為例其可稱為八純卦、複卦、重卦，又因沒有動爻故可稱之為本卦，易經六十四卦中任一本卦都有六爻，而六爻分別代表了時與位（請參考第五講，第四項易經卦中各爻名稱由來），而每一卦的六個爻，又可用兩兩相配方式做重新定位（即初與二

爻、三、四兩爻，五與上爻），初與二爻在最底下因此稱之為地位，是代表地的位置，三與四爻在中間，是為人立於地之象故稱之為人位，而五與上爻又在人上面故稱之為天位。

而六爻也可代表人體部位，如上爻為頭部，五爻為胸部，四爻為腹部，三爻臀部、二爻為大腿、初爻為腳及腳趾，綜上也只是爻位所代表的概念之一，除此種概念外，爻位還牽涉到陰陽之分，其中初爻、3爻、5爻之位為陽位，2爻、4爻、上爻則為陰位，易卦的基本原理中認為，陰居陰位陽居陽位就為吉，其實也並非全部都是如此，反而是陽居陰位或陰居陽位才能剛柔既濟，因仍須依其他變數，及主架構的各種配合做綜合考量，才能加以評定。

易卦卦位亦有所謂的八卦正位，除乾、坤兩卦較難判斷外，原則上是卦內較少的陰爻或陽爻為主體（物以希為貴），因此除乾、坤兩卦的正位在第二爻外，餘都是以較少陰爻或陽爻為主體，如巽、震兩卦的正位在初爻，坎、離兩卦的正位在第二爻，兌、艮兩卦的正位在上爻。

在《易經》六十四卦之中，只有水火既濟卦▦▦

各爻都是八卦正位，在此卦中初爻為震卦的正位，二爻為坤、離兩卦的正位，三爻為艮卦的正位，四爻為巽卦正位，五爻為乾、坎兩卦的正位，上爻為兌卦的正位。

以人倫而言震卦☳代表為陽的長男，其正位是在初爻的陽爻，坤卦☷則代表母親、而離卦☲代表中女，正位是在第二爻的陰爻，艮卦☶代表少男正位在三爻的陽爻，巽卦☴代表長女其正位在四爻的陰爻，乾卦☰代表父親、而坎卦☵代表中男，兩者正位為第五爻的陽爻，兌卦☱代表少女，其正位為上爻的陰爻，因此說《易經》六十四卦中，唯有水火既濟卦☵☲各爻都在正位，符合了八卦正位之理，而且每爻也都是陽居陽位與陰居陰位，但此與吉凶沒有關係。

三、祖先祿位神龕牌位設置與書寫
（一）祿位神龕外牌的書寫注意事項

一般祖先祿位神龕中，最外面的牌位是固定的，向神俱店購買時，外牌字體大部分已書寫（雕刻）完成，只有膁少數字體尚未書寫（雕刻）。牌位書寫方式為：右下角為陽世子孫奉祀六個字，左下角則是填寫設置年、月，兩處字數須分別各為六個字（所稱右、左下角是以牌位本身矗立角度而言），該兩處字

數都是固定的，然後牌位中央的字數，也須固定為
12 個字。

　　在人生歷程上有生、老、病、死、苦等五者，對
往生者民間歇後語為老去了，因此通俗上對往生者都
稱之為老去了，對老去祖先奉祀其牌祿位，主要目的
是希望後代子孫能生生不息，因此對神主牌位書寫，
就必須要符合生生不息情況，而如前述老是代表往生
者，因此左、右下角的六個字，剛好是生、老、病、
死、苦，一個循環後回到生，然後左、右下角相加為
12 個字，是二個循環後回到老字。

　　而牌位中央的 12 個字，也是二個循環後回到老
字，到此牌位字數構成二生、二老，而總數字合起為
24 個字，是生、老、病、死、苦的四個循環後走到
死字，如此牌位的書寫就有錯誤了，但大家卻沒有注
意到，牌位最上端書寫的堂號（祖籍，若不知自己堂
號可以用「國恩、皇恩、佛恩」代替），此位的二個
字在生、老、病、死、苦，所排出來的也是第二個字
的老，然後加上面統計的 24 個字，合起來為 26 個字。

　　如此整個牌位的數字，合計起來共 26 字，剛好
是生、老、病、死、苦，五個循環後回到了「生」，

因此整個祖先牌祿位字數,構成二生二老共一生(左右下角各為六個字是為二生、上端的堂號二個字、牌位中央字數為 12 字是為二老,然後全部字數加起來為 26 個字,又回到了生字)。

　　觀察很多的祖先祿位外牌,大部份的錯誤都是在上端的堂號未書寫,故可自己加以檢視,若未書寫則可以補上(一般佛俱店皆有賣字體的轉印紙,可買來自己貼上,其貼法依一般習慣以牌位本身立起來由左而右),唯要注意添加任何的字,都須符合上述所謂的,二生二老共一生的結構,也就是總數加起來為 26 個字。

　　要貼這些字日期與時間,可選擇在酉日酉時,或是每年最後一天的早上,唯應事先燃香稟報祖先然後再行整理,避免祖先受到驚嚇,對於祖先牌位擺設位置,可用文公尺(魯班尺)丈量吉位後擺放。(請參考 2015/11/04,將難經變易經第十講之附註,或老師所著宇宙間的符號,將難經變為易經第二輯第 248 頁)。

(二)祖先祿位神龕內牌書寫、擺放要點

　　一塊內牌有正面及背面,其字數架構都須是三

老共一生的結構，書寫方式正面上端代名（例如：一代或二代），右下角為陽世子孫仝奉祀七個字，而牌位正中央字數須符合如上述的老字，也就是書寫字數合計須為 12 字或 17 字，這樣才會剛好是生、老、病、死、苦循環後的第二個老字，故除應填寫的字外，最重要的是須添加到這些字數，使字數循環後落於第二個老字。

　　註：中央的名諱如只立單人時字數須達 12 字，若同時立公、媽兩人名諱時，若 12 個字不夠用則須達 17 字，字數如不足可於顯考（妣）的考（妣）字之前加祖字，或在考（妣）之下加公或媽字，最下方如是男生可加官字，女生可加娘字或之神位，這些字是毫無目的，只是在添足字數。

　　如此整個字數合計為 21（2+7+12）或是 26 字（2+7+17），剛好是在循環後落於生字，因此也構成了三老共一生架構（上端出生第幾代代名為第二字為老，右下角陽世子孫仝奉祀七個字也是第二個老字，正中央書寫字數為 12 字或 17 字，也符合循環後的第二個老字，因此構成了所謂的三老共一生的主要結構，而整個字數合計為 21 字或是 26 字，循環後為第一個字的生）。

假如內牌正面是立二人名諱,則其背(後)面須書寫該二名先人的出生及死亡年月日,其寫法最上端也同樣書寫代名,再而書寫顯祖考、妣(考、妣分置左右),然後在考或妣字之下,再分別書寫出生的年、月、日,然後換行書寫死亡的年月日,原則都以農曆年、月、日為主,當然如怕日久不清,亦可參用國曆以為辨別。

外牌、內牌,或內牌之正面、背面的書寫之各行字數不論是如何增減,都須為 17 字以符合循環後,落在第二個老字的原則,而右下角同樣書寫陽世子孫全奉祀七個字(此可視字的增減而補上,或不用書寫也可。因前已有書寫),此位字數剛好是第二個老字,如此就可達到三老共一生格局。以上為祖先外、內牌位,最正式的書寫方式,如此亦可避免往後見解不同而造成困擾。

要將每一位祖先牌位安座在公媽龕內時,都須呼請及擲筊獲得同意後再為之(以有一次聖筊即可,如此可避免時間拖延),全部安奉完畢後接著進行合爐儀式,即要將原來的二個香爐合為一個香爐(如滿一年的新亡人,合入祖先牌位神龕內,也必須進行合爐的儀式),其儀式為將舊香爐內的香灰,及少許香腳

移入新香爐內。

如是滿一年的新亡人要合爐，則須向原祖先及新亡人焚香稟報，待二香爐之香煙合為一起時，即將新亡人香爐內一些香灰、香腳，移入原供奉祖先的香爐之內，其餘的香灰可倒入焚金爐內同化，如此就代表合爐完成，整個儀式完成後，可將不再使用的香爐擊破丟棄，如是鐵製可以象徵性的擊破然後交由回收，對於掛在屋內的歷代祖先照片，如感覺上不是很好，可以焚香稟報，並擲筊獲得同意後，可與金紙一同將其焚化。

有關祖先牌位神龕之內牌，其前後順序之排法原則有二種，一為輩份越高者越前面（越接近外牌主牌位），二為新亡合爐者放最後（即不管輩份為何，只要是新亡者就放在最後面），但只要牌位公媽龕重新整理換新，那就必須按照輩份重新安置（輩份越高者越接近外牌主牌位）。

家裡如有安奉祖先牌祿位，就如同人生活每天須要三餐，所以並非只有每月初一或十五日再朝拜，而是應該每日朝拜，每次朝拜也不一定都須焚香，只要誠心誠意用合掌方式亦可，唯須記得在茶水杯內予以

添加熱開水，因為熱的才會有水的氣，讓先祖們可以有所品嚐。

　　安置祖先牌位也不一定要聘請地理老師處理，這些都只是儀式上的一種禮節而已，上面所教的方法與目的，就是要讓同學自行安奉，如果怕字寫不好，可將資料彙整完成後，委請佛俱專賣店雕刻。安奉祖先祿位相關儀式，都是由人所創設，所以只要誠心誠意就是儀式；處理這些儀式並無所謂忌諱，唯必須事先焚香告知避免驚嚇，也就是說安奉祖先牌祿位時，將牌祿位當成活人向長輩請安的方式處理，而且誠心誠意為之，如此這些儀式就無所謂忌諱。

附註：

一、魯班尺（又名文公尺）使用方法，請參考
　　2015/11/04 將難經變易經第十講之附註，或老師
　　所著宇宙間的符號，將難經變為易經第二輯第
　　248 頁。

二、年柱算月柱可參考 2015/05/13 第十講或宇宙間
　　的符號將難經變為易經第一輯 173 頁。

三、公元前、後紀年與干支紀年的換算
（一）公元後年與干支紀年的換算：

公元後紀年與干支紀年的換算表：

干支＼排序	1	2	3	4	5	6	7	8	9	10	11	12
天干	辛	壬	癸	甲	乙	丙	丁	戊	己	庚		
地支	酉	戌	亥	子	丑	寅	卯	辰	巳	午	未	申

　　以公元年的尾數中找出相對應的天干名稱（因同為十進位，所以可用上表排序對應公元年之天干）；然後，因地支是為十二進位，所以將公元紀年除以12，用餘數在上表地支中找出所對應的地支。如此，公元紀年就換算成了干支紀年。

◎例如：公元 1995 年

　　用該年尾數 5 找出對應的天干為「乙」；然後，用 1995 除以 12 得餘數為 3，用餘數 3 找出相對應的地支為「亥」。 那麼，公元 1995 年為乙亥年。

◎再如：公元 1861 年

　　用尾數 1 查天干為「辛」，用 1861 除以 12 得餘數為 1，再用餘數 1 查找地支為「酉」。因此，公元 1861 年則為辛酉年。

（二）公元前紀年與干支紀年的換算

公元前紀年與干支紀年的換算表：

排序 干支	1	2	3	4	5	6	7	8	9	10	11	12
天干	庚	己	戊	丁	丙	乙	甲	癸	壬	辛		
地支	申	未	午	巳	辰	卯	寅	丑	子	亥	戌	酉

　　同前述公元後年與干支紀年的換算方法相同（同為十進位，與十二進位），用相對應數字在上表中找出天干名稱，或除 12 的餘數之數字在上表中找出與地支相對的數字。

　　因公元前之年其與公元後是相反方向，因此以公元年為基準，公元後是依天干甲、乙、丙、丁…壬癸順序而進、地支亦由子、丑、寅…戌、亥順序而進，然而公元前天干、地支則成為反方向而進。

◎**例如**：公元前 9 年為壬子年（可直接查上表）

　　例如：公元前 155 年，以 155 除以 12 得餘數 11，其天干數字 5 對應為丙，而地支數字為 11 所對為戌。所以該年為丙戌。

四、西元 25 年、六月、二十六日，干支年為何？

　　依據上述方法西元 25 年化為干支為乙酉年，而六月若依年柱換算月柱方法則是癸未月，在資治通鑑已直接說明二十六日為癸亥日，所以依此方式西元 25 年六月二十六日，化為干支為乙酉年、癸未月、癸亥日。

　　但因古代各帝王可能採用不同曆法，因此干支紀月亦不見得準確，在計算八字時使用的干支曆，與史書、傳統曆法（包括農曆）或使用太陰曆的紫微斗數有所不同。

　　傳統曆法以月亮的盈虧周期作為一個月，而八字計算則以二十四節氣其中的十二節氣（非中氣）所在時刻（非以日首）分月，並賦以地支之名，如大雪小寒前之間為子月，小寒到立春前為丑月。因此八字計算過了當月節氣發生之時刻才換月的干支，因此也有可能產生在月中與日中換干支的情況。另外計算八字時使用的干支曆每五年一循環，每月的天干由該月支所在年的天干決定。

◎**例如**：若某年的子月所在之年為甲子年，則該子月為丙子月，緊接著其後的丑月是丁丑月。

綜合上述說明陳如年上起月的歌訣（五虎遁月歌：

甲己之年丙作初，乙庚之歲戊為頭，丙辛歲首從庚起，丁壬壬位順流行，若問戊癸何方法，甲寅之上好推求）。

所以上述六月部分，只能依年柱換算月柱方式，概略以干支的癸未月來代表，但是否準確則有待考證。

宇宙間的符號（易經三）第七講（2016/04/20）

一、問題與解說：

（一）若以現在時空（2016 年 4 月 20 日上午 9 時 2 分）卜問明年參加教師甄選其情形為何？

　　將上述時間化為干支，是為丙申年、壬辰月、壬申日、甲辰時、乙亥分，剛因同學認為寫得太輕看不清楚，如此表示須要有所更動，因此代表原來的機運已消失，所以重新修正為丙申年、壬辰月、壬申日、乙巳時、丙子分。

```
分  時  日  月  年
丙  乙  壬  壬  丙
子  巳  申  辰  申
```

　　這種情形就是所謂的契機法，如此原時空卦的甲辰時、乙亥分的象就消失了，第一次的時空卦亥水會進入辰庫，因此有白忙一場現象，而同學認為此人如此認真，不可能白忙一場，所以直覺上認為老師寫得太輕，而要求重新書寫，以使字體更為清楚，故代表了原來甲辰時、乙亥分的象已消失，所以就重新律定時空卦。

此卦日主壬申，處事作為是非常積極，但壬申於六十四卦為水天需卦，需要火來驅動，才能凸顯其能力，第一次的時空卦為甲辰時，如果在甲辰時之中，壬申會被甲辰所收服，所以說有白忙一場現象，也就是被困住有志難伸，而變成現在的時空為乙巳，巳是壬的財星，申的官星（官代表職責、任務），代表此人官星已出現，而且其結果又可透出天干丙（分柱的天干），因此表示此人只要努力付出，就可獲得想要追求學術，而且從壬的角度，乙又是其食傷，而食傷又是代表可以發揮及展現，故此卦象很好，代表他是可以考上的，因此明年106年丁酉參加教師甄選是可以獲得錄取。

　　另外此象辰是壬的官星、申的印星，於六十四卦為水澤節卦，因此代表須利見大人，要有丙、巳之火即平時多與有實力與能力者互動，如此無形中會獲得幫助，進而順利達成任務。

（二）夫妻中妻子比較強勢？而丈夫又多唯妻命是從，因此對父母態度不佳，如以現在時空來推論其原因何在？應如何處理才能改善？

　　現在時空為丙申年、壬辰月、壬申日、乙巳時、丁丑分。

分　時　日　月　年
丁　乙　壬　壬　丙
丑　巳　申　辰　申

　　夫妻間妻子較為強勢，而壬申是代表有魄力且強勢，故上述時空以壬申代表妻子，而壬的丈夫為丁丑（正官），而丑所代表的是結晶東西，故其所顯示的作為是比較被動的，另外壬也為坎卦，是比較有自己想法（因坎代表水、智慧、想法比較偏激），且壬申代表在其內心之中，承接了申來驅動壬的力量，即在其生長的原來家庭，有發生過遭受強勢壓力狀況，因此會顯得比較自我保護，所以會用強勢言語，來壓抑自己內心中不安的氛圍。

　　譬如有錢之人，對外一直強調一無所有，其實內心是想要他人，來褒獎其是有錢的心理狀態相同，也就是一種障眼法，及反向的心理投射。這是透過反推方式，來瞭解人的心理狀態，若要解決上述情形，可請其丈夫攜帶方形木刻戊辰章（印章不要太大，以容易攜帶為原則），戊辰除可收伏壬申的狂風暴雨外，也能讓壬申轉念，另外丈夫本身為丑，而丑又為結冰，因此也可透過戊辰，將丑化為春天之氣。

刻戊辰來配帶即可讓本身硬梆梆想法，變為比較靈活，因此就會有轉機，在程序上印章刻製完成，應先至廟裡祈福，稟明使用目的，然後放於紅包帶中，於國曆的 4 月 27 日早上 7 時至 9 時配帶，即在己卯日的戊辰時，從紅包袋中拿出來，放入身上所穿衣、褲口袋中，過了 10 分鐘後拿出來用印，其方式為將印章蓋滿一張 A 式紙張，然後再將蓋滿的紙張予以火化，往後就將章戮放於身上，如此就有意想不到的效果。

　　上面選用丙申年、壬辰月、己卯日、戊辰時開始配帶戊辰章，第一是要用戊辰時，來引動戊辰章，第二用卯以牽絆申，因為卯（乙木）申（庚）是為乙庚合，庚金可以牽絆卯木，兩者構成天風姤卦▉▉及風天小畜卦▉▉，因此是為互有牽絆，而且是壬的官星，更能將丈夫的丑變成己，另一方面將丑化成卯辰，即是將其化成東方之氣，因此可成為寅卯辰，形成具有東方之氣的仁，最大涵意是將其硬梆梆想法，改變成較為靈活的思維，加上具有了仁愛之心，讓其思維傾向於有同理心，不會只聽了妻子的言語，而對母親有所不尊重。

　　所以說要改變任何現況，都必須透過這些概念來

取得，因此所用的物品須符合其相生相剋道理外，更必須經由時辰來加以引動，否則就會成為無用且空的東西。

　　印章不一定要刻上自己的八字（一般牛角、象牙章是代表丑，而丑是為結晶體），以老師為例就刻自己名字，因除方便使用外，又可作為其他用途，而此章是取自己印星，因本身有亥與丙，而亥會破壞丙，所以攜帶印章，是讓丙可產生作用，所以丙是為自己印星，而且在日主之旁，因此以前在印星丙受傷時，每逢購買房產就會產生訴訟，而且居住地的左鄰右舍，也時常發生意外之災，究其原因？可能是亥水破壞丙火所引起，

　　因老師本身為亥水，而左鄰右舍代表為丙，但真的是否是如此，其實只是自己想法而已，至於其他的就不得而知；而為了讓丙復活所以採用印星方式，若直接刻帶丙巳章，如隨時要用反而不便，因此直接攜帶篆刻姓名印章。

（三）丙申年、亥月、亥時之人應攜帶何種章較佳？
　　亥月、亥時之人可以攜帶刻有丙巳的圓形章，然後於國曆的 4 月 30 日，即丙申年壬辰月壬午日的乙

巳時開始攜帶。

　　另外原生八字本身有甲木有寅木之人,是為丙火驅動申金來劈甲木及寅木,因今年為丙申年,因此須用戊辰章,來加以阻擋以保護甲與寅,透過戊辰來保護甲與寅。

(四)神明廳（大廳）之後房間是否可以做為臥室？

　　一般而言神明廳（大廳）之後房間,可做為孝親房或小孩房間,但儘量不要作為夫妻臥室,尤其是年青的夫婦。另外床舖不要安置於,靠大廳安奉神明的那面牆壁,如此就沒有什麼大的忌諱,安奉神明的那面牆壁,如擺放衣櫥、書桌都是可以的,而且最好是實心的磚牆。

　　床舖安置不要有睡覺時,腳朝安奉神明的那面牆壁,另外床舖安置也不要四周懸空,至少應該有一面靠牆,另外儘量可以看見臥室之門為佳,就如客廳座椅擺設,可以見到大門出入概念,唯一的是在神明廳之後房間,不要放置盛水水缸或物品如養漁的漁缸,因神明屬火,如放上項物品則有癸滅丁的象,因此神明會受到傷害。

　　若擺置衣櫥就如多了一道牆壁，反而能與和安奉神明的那牆相拱，且衣櫥又是房間內最高的物品，其象可代表艮卦，若再於衣櫥內放置金色銅板（如五十元幣）或金子，則同時構成了山天大畜☶☰卦象，因此財庫就會很旺盛。

二、再談「六甲窮日」

　　古文記載認為「癸亥日」為「六甲窮日」且是不吉，在上一講中針對此日解釋，可能與傳統上解說有所不同，就剛剛與同學討論認為癸亥的不好，可能是因甲的長生在亥，而且從甲子開始的天干，與地支的搭配循環，到癸亥剛好是循環的結束，因甲的長生在亥，代表即將重新破土而出，將再重新的開始與循環，但因亥會破壞甲、寅，且癸亥又是干支循環的結束，也代表火能量的滅絕，因此認為不吉；在癸亥而言除代表窮外，也有孕育及醞釀的象，代表了由無到有重新開始的屬性，因目前也沒有相關佐證資料，可再深入加以說明，待查證到新的資料再與同學分享。

二、易經卦應用說明。
（一）本卦（以山天大畜卦☶☰為例）

　　《易經》六十四卦各卦之名即為本卦之義，也就是在占卜時所卜出來的六爻卦稱之，在本卦的每個卦

都有大象辭，以山天大畜卦 ▦ 而言，「易經大畜卦第二十六」，此義代表此卦在周易六十四卦的排序為第 26 卦（周易排序是由乾卦開始起算），而 ▦ 代表山、▦ 代表天，由山與天兩個的組合稱之為山天大畜 ▦，是此組合的註解與此卦卦名，（大畜卦在我們研究的學理中，為滿山的黃金是大有積蓄），接著為「大畜：利貞。不家食，吉，利涉大川。」是為此卦的卦辭。

　　然後接續的「彖」曰，是孔子針對此卦的卦辭所加注解釋，「彖」原是牙齒鋒利的動物，他可以咬斷堅硬的東西，代表其針對卦辭解釋之準確度是非常的高，「彖」也是對卦爻爻辭的註解；於「彖」後的大象辭「天在山中，大畜；君子以多識前言往行，以畜其德。」，其中的「天在山中」是言此六個符號（爻）的觀念及註解，以上由卦序開始到大象辭，全部組合稱之為本卦。

（二）之卦（以乾卦為例 ▤▤ ）
以下是常於《易經》書籍所看到的論述
　　「之卦」就是本卦中的任何一爻動了（爻動就是陽變陰、陰變陽）之後另外所組成的卦，所以之卦也是一般所言的「變卦」。

　　例如乾卦各爻未動就稱之為「本卦」，在傳統上當解說到那一爻時，就代表那一爻為動爻，即解說的這一爻，如為陽爻就須變為陰爻，若是陰爻就變為陽爻，這就是所謂的「變卦」，但是在本卦六爻的爻辭之中，並沒有說明須要陽變陰、陰變陽。

　　現在會有此情形只是研究易卦學術的學者、前賢，對於繫辭上傳第二章不同的解讀，自己所想的一種觀念而已，所以是由此所想的觀念演化而來，因此論爻之時，由初爻開始經二、三、四、五爻到上爻，每解釋或卜卦或言及那一爻，該爻都可以有所變動。

　　以我們所解析的於繫辭上傳第二章：聖人設計卦觀象，繫辭焉而明吉凶，「剛柔相推而生變化」：此「相推」是言爻的位移，即爻定位後就另組成了另一個三劃卦，如水風井卦䷯，下卦為巽☴，當談論到二爻（九二）時，此九二會與九三、六四重新組合為兌卦，由原本的巽☴變成兌☱，稱之「剛柔相推而生變化」，又言「變化者，進退之象也」，進退是為爻的位移，是往上取三畫卦（進），還是往下取三畫卦（退），言明已由原本的水風井卦變為澤風大過卦䷛了。

　　又說「六爻之動，三極之道也」，再次言明爻位

移後，重新組合的三爻卦(三極：天極、人極、地極，也就是說卦傳第二章：「是以立天之道，曰陰與陽；立地之道，曰柔與剛；立人之道，曰仁與義；兼三才而兩之，故易六畫而成卦。分陰分陽，迭用柔剛，故易六位而成章。」所以三極就是天人地三才，稱之三極。)「是故，君子則觀其象而玩其辭」，此為爻位移後重新組合其象，配合其卦、爻辭的註解，「動則觀其變而玩其占」，變動之後有了新的三爻卦及六爻卦，用心「玩」其根本、終始，「玩」王(艮卦)、元(震卦)組合而成「根」，就是「玩其占」，就是了解其根本。

在以前講解曾說及卦之主客體變動，若初、二、三爻變時，就照著原來的卦，但是如在四、五、上爻有變動時，要把上卦拿到下卦，然後下卦就變成上卦來重新定律卦名，這就是動爻所引起對卦論判重點之一，在《易經》六十四卦之中，只有八個重卦，也就是八純卦不用上下易位（即一般所謂的六沖卦），其他的只要動及上卦的任何一爻就須上下易位，這也是本卦之後「之卦」的變化。

例如乾卦☰☰的本卦其初爻動，變為天風姤卦☰☴，這就是乾卦的之卦，稱乾之姤，然後再從之卦

延伸後面的變化；以天風姤卦☰☴而言，其「錯卦」（陰爻變陽爻，陽爻變陰爻）為地雷復卦☷☳，而錯卦是代表此卦的影子，所以復卦所代表，是我們看不到的姤卦背影，因此地雷復卦☷☳之結果論也會變成天風姤卦☰☴，這就是看不到，但是事實存在的過程。

　　從復卦而言是代表其從新開始萌芽，然後由一陽初形成後再不斷的成長，最後而成為五陽一陰的姤卦，所以姤卦能力是慢慢疊積而來，但在其形成中的過程中（互卦代表過程），是具有實力、能力及影響力之人的支持（其互卦為乾卦，而乾卦代表有權力與能力），然後一步一腳印疊積而來，這就是能成為姤卦女壯的原因。

　　然後我們再從天風姤卦☰☴另外的一個角度「綜卦」看，也就是從對立面看，姤卦變成了夬卦☱☰，因此代表他有可能，隨時會被乾卦所取代，因此他有極度的不安之感覺（夬卦為辛金遇到庚金，而庚金會把辛金決掉，而他也是契約卦，以交書保障以避免權力喪失）。

　　再繼之用「內外交易卦」，即相互站在彼己立場來看待事情，其方法就是將姤卦上、下卦互換，一互

175

換形成了風天小畜卦▦▦，而小畜是有慢慢聚集之義，所以說能力是慢慢疊積而來。而「賓主卦」一般是在針對本卦，所以在「之卦」就不論賓主卦。

接續而來的為天風姤卦▦▦的遊魂卦與歸魂卦，歸魂卦是代表了精神歸宿，而遊魂卦是代表站在對方的立場，來體驗那種感受。所以對卦之研判解析是從本卦開始，然後歷經初、二、三、四、五爻及上爻的互卦(卦中卦)，及延伸的各種錯綜複雜變化過程，然後再到之卦（變卦）才形成最終的結果論。

有關上述情形現以乾卦▦▦來說明，乾卦本卦初爻動變為天風姤卦▦▦，在六爻卦中不變的卦為主體，動爻之後的卦為客體，因此上卦（☰）不動就為主體，而下卦有動爻（由☰變☴）就成為客體，整個解卦過程就由主體上卦開始，繼而中互卦（二、三、四、五爻形成的乾卦☰）及延伸的上互卦（三、四、五爻形成的乾卦☰）或下互卦（二、三、四爻形成的乾卦☰），然後再到之卦（變卦☴），所以解卦過程就是主、客、互、互、變的過程。

所以說在解卦過程中，相關的錯卦、互卦、序卦、綜卦、內外交易卦等，都是有了「之卦」後，再從「之

卦」做卦的各項變化。

　　譬如問是否可以順利生產時，卜到了乾卦動第一爻，也就是由乾卦變成天風姤卦☰☴，如此代表可以順利生產，因第一爻由閉鎖陽爻，變成分開的陰爻，是為生門已開，故可順利生產，但若問懷孕能否順利，則因生門已開，代表有流產問題；何以有如此不同的解析，因即將臨盆而卜到此卦，代表生門已開，故可順利生產，但所問為懷孕期間的問題，則是因未達生產時間但生門已開，所以會有流產、早產現象，這就是因時間、序、問題不同，而產生不同的結果。

　　反之若即將生產時，卜到天風姤卦☰☴變成乾卦☰☰，那代表生門未開故有難產問題，而且其象由卯木成為庚金，因此代表必須手術動刀，所以卦本身並無吉凶，而是須有事項（動、爻位移）才會產生吉凶，也就是如上述所言主、客、互、互、變的過程而產生結果。

　　綜上所言就是由乾卦的本卦開始，繼而經互卦乾卦、錯卦、綜卦等等過程，再到之（變）卦的姤卦，等錯綜複雜變化才產生結果論，所以在卦的研判與解析上，傳統是不以本卦來加以演繹，而是以之卦之後

來延伸判論。

　　所以上述所言，是目前坊間流傳的《易經》易卦占卜書籍應用的工具、方法，分為象術派與義理派，其工具用法都如上述所論。

（三）遊魂卦與歸魂卦演變過程

（以乾卦為例≡≡，可參考老師所著萬年曆第 33 頁，六十四卦、六爻、六親卦納甲裝卦表）。

　　乾卦沒有動爻時稱之為本卦，本卦世在六爻而應在三爻，初爻一變成為天風姤卦≡≡，稱為乾宮卦的一世卦，其世在初爻應在四爻；然後初爻與二爻皆變，則成為天山遯卦≡≡，稱為乾宮卦的二世卦，其世在二爻應在第五爻，繼之一、二、三爻皆變，則是成為天地否卦≡≡，稱為乾宮的三世卦，其世在三爻應在六爻。

　　再續乾卦≡≡一、二、三、四爻皆變，則成為風地觀卦≡≡，稱為乾宮卦的四世卦，其世在四爻應在初爻，再接著為一、二、三、四、五爻都變，成為山地剝卦≡≡，稱為乾宮卦的五世卦，其世在五爻而應則在第二爻；然而最上爻是代表一個卦的命脈，在占卦的原則上卦是為主體，故上爻是代表本命元神，因

此就不能再變，所以到了最上爻就不可再變動了。

　　因此當卦爻變動到第五爻後，因上爻為本命的命脈元神，如要再變就必須往回頭而變，即往第四爻而變，這一變就成為火地晉卦☲☷，也就是一般所稱的「遊魂卦」，此就是乾宮的「遊魂卦」，其世在第四爻而應在初爻，接著如要再變，則是將整個下卦的三個爻，全部變回原來本卦的下卦，如此即成為火天大有卦☲☰，即是一般所稱的「歸魂卦」，其世在三爻而應在第六爻。

　　所以如果以天風姤卦☰☴的歸魂卦，是為火天大有卦☲☰，而天風姤、火天大有卦的本卦是由乾卦而來，因此由乾卦☰☰本卦來看，只要第五爻一變（☲☰）就成了「歸魂卦」，所以火天大有卦☲☰就成了乾卦☰☰的最終精神歸宿。

　　乾卦代表了剛健且執行力是有魄力，所以大象傳曰：「天行健，君子以自強不息。」，因此代表其如此努力，無怨無悔的付出，最終的精神歸宿，在於希望得到火天大有☲☰的均富，太陽底下百姓都民安富足。

（四）八純卦各卦的歸魂卦

（1）乾卦☰☰

　　乾卦☰☰第五爻變，就成為火天大有卦☲☰，所以乾卦的最終精神歸宿，就是火天大有☲☰。

　　乾卦本身代表了剛健、執著、努力，其執行力是有魄力的，所以大象傳曰：「天行健，君子以自強不息」，代表其如此努力，不分晝夜、無怨無悔的付出，最終的精神歸宿、目的，在於希望得到火天大有，不是只有個人才有，而是鰥寡孤獨、廢疾老少都有。

（2）坤卦☷☷

　　坤卦☷☷第五爻變，就成水地比卦☵☷。

　　坤卦的坤是代表大地，是可以厚德載物，因此水地比卦☵☷是水可以溶入土中，可以成為一家人，且可直入心坎之中，即生存在這片土地之人，每個人都可以溶入其中。

　　代表了整個族群都可以互相親比溶合，能夠一個皆一個，相親相愛和順而行，就如同「愛」字由必受二字組成之義，即愛他就必須能夠承受他及包容他，所以水地比卦☵☷所代表的是具有感情的，因此坤卦☷☷的最終精神歸宿，是希望所有在土地上的人，可

以在一起共生共榮，能相互親比及良好的互動，有如一家親的大同世界，這就是坤卦厚德載物的最終目的。

（3）巽卦䷸

巽卦䷸第五爻變，就成山風蠱卦䷑，因此山風蠱卦就成巽卦的最終精神歸宿。

巽卦䷸是代表乙卯之象，而乙卯代表成長速度很快，且沒有規律的互相攀附而產生雜亂無章，所以巽卦䷸的最終精神歸宿之山風蠱卦䷑，是希望能加以整飭（治），因蠱為飭者之義，也就是對事物能加以整飭（治）與整頓，最後才不會導致腐敗與腐爛，總而言之，是希望大家不要雜亂無章，都能照著規章制度而行，相輔相成，創造更美好的生活。

（4）震卦䷲

震卦䷲第五爻變，就成澤雷隨卦䷐，因此澤雷隨卦就是震卦的最終精神歸宿。

卦象是兌卦依附於震卦，而震卦為甲寅，甲代表了主管或領導者，所以要成為一個好的領導者，就必須要有很多的屬下來追隨，以凸顯其格局，此卦也有

辛金（果實）產生讓人可以追隨與依附之象，這就是
震卦☳☳的最終精神歸宿。

（5）艮卦☶☶

　　艮卦☶☶第五爻變，就成風山漸卦☴☶，因此風
山漸卦☴☶就是艮卦的最終精神歸宿。

　　艮為山☶☶而漸卦☴☶為慢慢的循序漸進，艮也
是戊戌兩山重疊之象，要共同成為整片的山林是要慢
慢的疊積，所以其最終的目標，是希望長在高山戊土
之上的乙木，能慢慢的成長變成甲木的大樹林，讓此
樹林縈根與盤根，以穩固本身之山土，而不會發生土
石流。所以艮卦☶☶的最終精神歸宿就是風山漸。

（6）坎卦☵☵

　　坎卦☵☵第五爻變，就成地水師卦☷☵，因此地
水師卦☷☵就是坎卦的最終精神歸宿。

　　坎水本來就有侵伐的能力，坎卦的中爻是代表不
停的再侵伐之義，而水流動的最終精神歸宿，是希望
其可以找到一個師（師乃一帥），也就是能找到領導
者來帶領所有的水，所有的眾生，因此地水師☷☵就
成了精神歸宿。

（7）離卦☲☲

離卦☲☲第五爻變，就成天火同人卦☰☲，因此天火同人卦☰☲就是離卦的最終精神歸宿。

離為火為太陽而太陽可以普照大地，是希望大家都可以得到他的能量與磁場，而離卦與乾卦是先後天同位，所以天火同人☰☲與火天大有☲☰是在相同位置上，太陽目的是要讓每個人，都可以感受到其能量，因此同人之義就是讓大家，都能一樣得到其恩惠（同人卦與家人卦也有異曲同功之妙），因此離之變為天火同人卦，是因他能普視大眾，讓大眾亨受到他的福澤，因此離卦普照大地最終精神，就是希望可以天火同人☰☲，能夠無私的照顧到每一個人，使四海之內都是一家親。

（8）兌卦☱☱

兌卦☱☱的第五爻變，就成為雷澤歸妹卦☳☱，因此雷澤歸妹卦☳☱就是兌卦☱☱的最終精神歸宿。

兌卦☱☱代表果實、雲霧，而果實若沒有辦法找到歸宿，就只能是飄渺的雲霧而已，因此他必須找到甲木（震卦代表甲木）來依附，所以兌卦的最終精神歸宿，是要找到甲木☳來依附，故可說是希望找到理

想的歸宿,因此雷澤歸妹就是兌卦的最終精神歸宿。

(五)歸魂卦的義解

　　若問生病會痊癒嗎?如卜到歸魂卦那就麻煩了,若非問疾病而卜到歸魂卦那就沒有關係,那只是代表自己想法與最終歸宿而已,跟生命吉凶是沒有關係的,而是要有與生命有關事項引動他,才會有吉凶的論判。

　　在國字中的能、龍、靈,在台語讀音上都是相同,然而事實上這些字也都是在說『天』字,因為天可以給予能力,天也是非常的靈敏,因此說都是代表相同意義,只不過是層次上的跳脫而已。

　　以霖、玲字而言也有異曲同功之義,玲會變成為霖,而霖最後會變成龍,這就是代表一種精神歸宿,所以取霖此名的精神歸宿,就是希望在聰明與能力能優於他人,希望大家都把他當成神,最後也能飛上青天而成龍。

　　以上這些字體意義,就是歸魂卦的一種概念,如霖字是希望有雨露來滋潤,然後大地有生機,可以讓萬物成長,繼而希望能成為有能力的人,且所說的話

都很靈驗，讓大家都信服於他，最後可以成龍飛上青
天。

（六）乾字代表的龍

　　以乾卦的乾字而言是代表龍之義，而乾卦象傳言
時乘六龍以御天，乾字何能駕馭六龍？
一. 此六龍就是代表六子，即是震、坎、艮、巽、離、
　　兌，是代表乾充份授權，就是在不同的時空背景，
　　透過責任分工，由不同六子的屬性來掌管。
二. 乾卦在六爻時位上的龍：乾卦初爻潛龍勿用；二爻
　　見龍在田；三爻終日乾乾，夕惕若厲；四爻或躍
　　在淵；五爻飛龍在天；六爻亢龍有悔；但事實上
　　在這六個時位上也只有初爻、二爻、五爻、六爻
　　有談「龍字」而已。

　　在乾卦本身他包含了坤卦，同樣坤卦也包含了乾
卦。乾字剛開始為潛龍勿用，是因為一橫是在日（太
陽）之上，因此說陽在下也，然後見龍在田是一橫在
日之下，接著日的上下各有一橫，代表日夜不停所以
是終日乾乾，夕惕若厲之象，而在日上下各有十字，
代表不是上去了，就是還尚在日之下，所以說或躍在
淵，在來整個日上加日，就有了飛龍在天之象。
　　然而乾字右邊底下乙字上方的人字有如雙角，此

雙角因抵觸到了旁邊之龍，因此就有亢龍有悔之象，也就是對事情都想得太完美，都要以自己的思維（角）去考慮，所以就會有亢龍有悔，要知道高處不勝寒，所以飛得太高，就很容易受傷，所以乾字就將乾卦六爻一語道盡。

附註：

一、八宮卦之義函

　　八卦分有八宮卦，即乾宮八卦，坤宮八卦、離宮八卦、坎宮八卦，巽宮八卦，兌宮八卦，艮宮八卦、雷宮八卦，（整體而言又分為乾、震、坎、艮陽四宮；坤、巽、離、兌陰四宮）。

◎**每宮卦之變化方式為：（用乾卦比喻）**

第一為本卦。☰☰乾卦。（六世卦）

第二卦為初爻變。☰☴天風垢卦。（一世卦）。

第三卦為初爻、二爻變。☰☶天山遯卦。（二世卦）。

第四卦為初爻、二、三爻變。

☰☷天地否卦。（三世卦）。

第五卦為初爻、二、三、四爻變。

☴☷風地觀卦。（四世卦）。

第六卦為初爻、二、三、四、五爻變。

☶☷山地剝卦。（五世卦）。

第七卦為復還四爻變。

☲☷火地晉卦。（遊魂卦，四世卦）。

第八卦下卦復歸本卦。☲☰大有卦。

（歸魂卦，三世卦）。

餘各宮卦均依此類推。

二、　六十四卦如何分辨每一卦，屬於何宮？何世？
　　其分辨方法如下：

（一）用爻變後形成卦變及上下卦錯卦情形分辨：

1、初爻變如成為純卦，且與上卦成重卦，如此就是
　　上卦之宮一世卦。

　　如☰☴天風姤卦，初爻一變成乾卦且與上卦成重
　　卦，因此是乾宮一世卦。

2、第三爻變而成上下卦相錯，如乾宮二世卦第三爻
　　變，成上卦下卦相錯（上下卦相反）。

　　如☰☶天山遯卦第三爻變成上卦錯卦，因此是上
　　卦的二世卦。

3、上下卦相錯即是上卦重卦的三世卦。

　　如☰☷天地否卦。（乾宮三世卦）。

4、第四爻變成上下卦相錯，就是下卦錯卦後重卦之第四世卦。

如▤▤風地觀卦。(乾宮四世卦)。

5、第六爻一變而成純卦，如此就是下卦錯卦重卦之第五世卦。

如▤▤山地剝卦，第六爻一變成坤卦。(五世卦)。

6、遊魂卦為第五爻一變而成上下兩卦相錯，如此就是下卦錯卦重卦的遊魂卦。

如▤▤火地晉卦，為乾宮遊魂卦(四世卦)。

7、歸魂卦為第五爻一變而成純卦，如此上就是下卦重卦的歸魂卦。

如▤▤火天大有卦，為乾宮歸魂卦(三世卦)。

宇宙間的符號（易經三）第八講（2016/04/27）

一、　問題與解說：

（一）　若以數字1618代表男命，試問此數字所代表事業、婚姻、親情為何？

　　以上所提出的是一串數字，因此就直接以尾數為主體，若是所提數字為16、18兩組，那整個主體架構則不同，會以16當主體而18當為客體，那現在是一串數字，因此直接以最後數字 8 兌☱卦辛金當主體，以主體8而言其財星為1震卦甲木☳（參照老師所著萬年曆第20頁，數字十神參照表1是8的金錢、正財、感情）。

　　在此組數字中有二個一，代表此人有二個1，而所問又是婚姻、親情，因此代表感情對象沒有辦法肯定，即模稜兩可而沒有辦法專一，所以無法找到其歸宿，而且8是跟隨著1因此有澤雷隨卦☱☳的卦象（8為辛金、為兌、為澤，1 為甲木、為震、為雷），所以感情現象是飄移不定，故對於婚姻必須冷靜，才能找到自己所想要的對象。

　　親情是以印星代表，依此數字組合，6（己土）是為 8 的印星，而組成卦象為澤地萃卦☱☷或地澤臨

卦 ䷞，因此對親情感覺，自認是很辛苦的（如為戊土感覺就很溫馨，乃是澤山咸之故），即有某種壓力存在而不知如何去面對。

8(兌為澤☱)的事業（官星）為3(離為火☲)，而3是由8的反推而來（參照數字十神表二十頁，3是8的事業、正官、責任），而3與8的組合是為丙辛合，事實上3與8合，是期待水的出現，如沒有水的出現，就容易沒有目標，因為8的目標為3，同時8又來蒙蔽了3，同時此串數字沒有水，因此就會把自己蒙蔽，所以在工作事業上，會有均非其所想要的想法。

◎當有上述現象之時，是否往北方而行較佳（北方代表坎水之位），如往北時有日本與上海兩地，那以何者為佳？

日本不代表水而是代表丑的象(丑艮寅為艮卦位☶)，故往日本就成辛金入丑庫是被凍結，另外8(兌為澤☱)的食傷、傷官為水（壬、癸），因此往上海則有丙辛合現象，可以發揮他的才能，又此數字架構有二個一，代表是有二個財星，即事業上有二個機會，因此除感情沒有辦法確定外，在工作上也有難以選擇情形，陳如上述不知是上海好或日本好的窘境，如果

只有上海與日本選擇，依此象當然往上海比較好。

　　1618 數字在於時間上可以停留多久，當然不是強調永久，即在合理時間內都可以儘情發揮，而何謂合理時間，大約以三年為一個循環；倘若在台灣那當然會更好，原則上可以在台灣北部，因北部是屬水的特性，另外如在其他地方，則可以在有以水為字根的鄉、市、鎮、路名、或公司、上司地方、服飾，如此就有機會表現其才華。

　　譬如南部是屬自己官星，而公司所在路名、公司名稱、上司姓名，只要是有屬水的就都可以，當然靠近水邊的地方也可以，唯因數字為1故如在海邊，則有寅亥合壬甲水困木情形，所以兩者屬性是不同，因此是不可以的，原因在於地名、路名、公司名稱、上司姓名，並不強調水，而海本身為海是強調壬水，故就會產生水困木。

（二）亥子丑月冬天且為壬子日出生，何以為忌其意為何？

　　這是神煞法中的一種忌諱，因為冬天本來就寒冷，而冷加冷代表更為寒冷，譬如在夏季下點雨，感覺是非常舒暢，但在冬天則是更冷更不舒服，所以在冬天

出生時又逢下雨天，可以說又冷又寒又有水，因此感覺就非常不舒心，此時就喜在有火的時辰，若此人四柱無火，就儘量住於屬火的南部，或在名字中取有火的字根。

但一般生肖姓名學老師，認為既然屬水（壬子或癸亥年出生）就不可以取有火的字根，因為取了火的字根，就有相沖相剋情形，但在老師個人研判心得，認為此理論是錯誤的，因為水本來就希望有溫度有能量，水無火就沒有能量，空有其才華而無法發揮，在任何的生肖都是一樣，火是所有五行的來源。

譬如六十甲子之內，不管是那一個六十甲子年出生，只要取有日、火的字根，那他所做的事情不管好壞，很容易就被發現與瞭解，原因本身是日、火，而日、火又代表亮麗、知名度、名聲、地位，所以其跟生肖是沒有關係，而這也只是代表現象並沒有凶象，故不要被錯誤關念所蒙蔽，因此乃字根所產生的現象，而非出生時辰干支、生肖、姓名之字根所引起。

（三）出生日為89、1、23之人，如何剋制本身所帶的桃花，而能讓其安心學習？

此出生日換算干支為己卯年、丁丑月、庚辰日、

乙酉時。

```
時　日　月　年
乙　庚　丁　己
酉　辰　丑　卯
```

　　此八字中庚金的財星為木（財也代表桃花），財星木有卯木、辰土（辰中有乙木）、乙木三個，由此象就知其有很好人緣，此八字中的丑最喜歡庚金，而且丑土上更有丁火在驅動，所以此人的能力是相當的好，書也可以讀得很好，另外此八字也有乙庚合、辰酉合的天地鴛鴦合，所以本身是不招惹人，但有他人會招惹他的現象存在，所以是很有異性的緣份。

　　目前又住於太保因此又有木（五行之中只有木有生命，而人是有生命的，故字根有人、木者皆屬木，且保字除人木之外，又有口字的辛金），因此有木見木進於祿位，故所交女朋友亦非胡亂為之，而是有所選擇看中意時才會交往，此八字中的丑土印星也有庚金來執行，又庚金印星（印星也代表貴人）是辰、丑、己土，所以人際關係也不錯，另此八字乙木，能依附於己土，辰土，故此八字是財、印可以雙得的一個富貴的命格。

由上述狀況可以瞭解其財星(木)是一個比較旺盛的人,所以沒有桃花可能就沒有樂趣與希望;然而何謂前途?即能將能力、才華發揮出來者就是,而非一定要有高學歷才是有前途,一般上財印是不可能雙得,因財本身就剋印,如甲的財星為己土與戊土,而其印星則為癸水,所以當有了戊土之後,戊土就會剋癸水,而印星又代表學習,而財星則代表感情,所以說財印很難雙得,但此人八字財印可以雙得,是一個富貴的格局。

因此其交女友之事就當作不知道,只要要求其將書讀好就可以,另外若要讓其保身,可以讓其攜帶丙寅木章(亦可用甲寅丙巳的方形木章),也就是讓丙顯露而可增加溫度,即丙變成丁以成為其官星(官星代表功課、事業、責任),如此就可有財且能承擔責任,此章開始攜帶最佳時刻為丙申年、癸巳月、壬寅日、乙巳時(2016年5月20日9至11時),如因上課攜帶不便則可放於書包之中,必會有神奇的效果。

二、六甲窮日可能由來

到目前對「六甲窮日」真正意涵為何,並沒有找到任何資料,對其做直接解釋,但在神煞法中有四忌四窮較為類似,依據四忌四窮邏輯反推,與在第六講

中的說法：「因六甲窮日是六十甲子日，每一甲子循環中的最後一日，故每逢天干癸與地支亥組成之干支，即稱之為六甲窮日的說法較為正確」，以四忌與四窮而言是在強調四季之氣，即四季中的禁忌之日與窮日。

如春五行屬木其忌在甲子日，其窮日在乙亥（因甲為陽、乙為陰）；夏五行屬丙火其忌在丙子日，其窮日在丁亥（因丙為陽、丁為陰），秋五行屬金其忌在庚子日，其窮日在辛亥（因庚為陽、辛為陰），冬五行屬水其忌在壬子日，而其窮日在癸亥（因壬為陽、癸為陰），依據這些理論五甲的窮日，都在最後的一個落點亥。

在六十甲子年當中，總共有六組以甲為開頭的干支（甲子、甲戌、甲申、甲午、甲辰、甲寅），何以只強調五甲？原因在於甲子是起始之年，事件開始之時並無「窮」象，接續而來的五甲則是事件過程，從甲戌慢慢到甲寅到最後癸亥的「窮」，甲又開始長生開啟了另一個循環，所以逢癸亥組成干支為六甲窮日的說法較為正確。

三、再論六十四卦如何分辨每一卦,屬於何宮?何世?(以乾卦☰☰為例餘各宮卦依此類推)。

(一)本宮卦:

本宮卦即八純卦或稱重卦、六沖卦,也就是上下卦相同稱之,所有的八純卦其世都在上爻(參照老師所著萬年曆第 33 頁,六十四卦、六爻、六親納甲裝卦表),而世之對應稱之為應,因此上爻(上卦)之應爻就在第三爻,(下卦)。

其原因就是將上下卦拆開平鋪,則成上下卦初爻對初爻、二爻對二爻、三爻對三爻情形,所以對易卦邏輯而言,即初爻應四爻、二爻應五爻、三爻應上爻,世代表自己或主體或事情的本身,應為對應事情或客體或事情的一個結果論。這八宮卦變化只是一種學理上的運用,如同使用不同的工具解釋易卦,是在符合八純卦之八個宮位變化,等於《易經》六十四卦的原理。

(二)一世卦(初爻動):

初爻動為天風垢卦☰☴。

將卦上下平鋪對照,其中只有初爻第一組互為不同陰陽爻(初爻為陰爻,第四爻為陽爻),餘各組

都是相同陽爻，表示此卦為第一爻變，因此其世在初爻而應在四爻，也因僅下卦初爻變而上卦不變，所以上卦還是其本宮卦，因此若卦只初爻、四爻互為陰陽，則是以上卦為主重卦的一世卦，即可視為上卦（乾卦）重卦之宮的一世卦。

（二）二世卦（初爻、二爻動）

初爻、二爻動為天山遯卦▇▇。

上下卦平鋪對照形成初爻與二爻的一、二組為不同陰爻陽爻，第三組則是相同陽爻，表示此卦為第一、二爻已變，因此其世在二爻而應在五爻，此時亦僅初爻、二爻變而上卦尚不變，所以上卦還是其本宮之卦，所以一、二組為不同陰爻陽爻，而第三組尚相同，所以還是乾宮本宮之卦，所以初、四爻，二、五爻互為不同陰陽，如此就是外卦（乾卦）重卦的二世卦。

（三）三世卦（初爻、二、三爻變）

初爻、二、三爻皆變是為天地否卦▇▇。

上下卦平鋪對照時第一、二、三組，成為互不相同陰爻陽爻，表示此卦為第一、二、三爻已變，因此其世在三爻而應在上爻，而僅初爻、二爻、三爻變，所以上卦亦尚未變，所以上卦還是其本宮之卦，因此

當初爻、二爻、三爻各組互為不同陰陽時，還是外卦（乾卦）重卦的三世卦。

（四）四世卦（初爻、二、三、四爻變）。

當初爻、二、三、四爻都變，則成為風地觀卦 ䷓ 。

將卦上下平鋪對照初爻、四爻第一組互為相同陰爻，餘各組都是互為陰陽爻，因此代表其動變到了上卦初爻，此時其世在動變四爻而應在初爻，因下卦整個卦都已變，所以取下卦的錯卦為其本宮卦，即一、四爻是為相同陰爻或陽爻，而二、五爻，三、六爻互為不同陰陽時，如此即為下卦（坤卦）之錯卦（乾卦）重卦的四世卦。

（五）五世卦（初爻、二、三、四、五爻變）

在初爻、二、三、四、五爻都變時為 ䷖ 山地剝卦。

將上下卦平鋪對照，其初爻、四爻，二爻、五爻的第一、二組互為相同陰爻，第三組互為不同陰陽爻，因此代表其動變到了上卦第五爻，但因尚未全部變動(上爻代表根、本、元神，不可變)，故此時世在五爻而應在二爻，此時下卦整個卦還是都已變動，所以取下卦的錯卦為其本宮卦，所以一、四爻、二、五爻是為相同陰爻或陽爻，而三、六爻互為不同陰陽

時，如此為下卦（坤卦）之錯卦（乾卦）重卦的五世卦。

（六）遊魂卦（復還第四爻變）

在第七講中已言，上爻代表一個卦的命脈代表本能，因此就不能再變動，因此當卦爻變動到第五爻後，如要再變就必須往回頭而變，即往第四爻而變（復還第四爻變）。

這一變就成為火地晉卦☲☷，此時其世在四爻而應在初爻，將卦上下平鋪對照，二爻、五爻第二組互為相同陰爻，而初爻四爻，三爻上爻的第一、三組互為不同陰陽爻，但此時還是變動到了上卦，所以還是取下卦的錯卦為其本宮卦，即二、五爻為相同陰爻或陽爻，而一、四爻，三、六爻互為不同陰陽時，還是為下卦（坤卦）之錯卦（乾卦）重卦的遊魂卦。即是坤卦錯乾卦，乾為其本宮卦。

（七）歸魂卦（下卦復歸本卦）

整個卦變到此已不能再變，只有將整個下卦復歸本卦（乾卦），此一情形稱之為歸魂卦，所以乾卦的歸魂卦為火天大有卦☲☰。

一樣將卦上下平鋪對照，除二爻、五爻第二組互
為不同陰陽爻外，而初爻四爻，三爻上爻的第一、三
組互為相同陰陽爻，此時其世在三爻而應在上爻，所
以因下卦已復歸本卦，所以他是下卦重卦的歸魂卦。

◎ **由上述各世卦構成情形，經加以整理其口訣如下：**

本宮一世卦：初爻不同卦在上（本宮卦在上卦），世在
初應在四。

本宮二世卦：初爻、二爻不同卦在上（本宮卦在上卦），
世在二應在五。

本宮三世卦：初爻、二爻、三爻不同卦在上（本宮卦在
上卦），世在三應在上。

本宮四世卦：初爻相同，二、三爻不同卦在下之錯（下
卦的錯卦為其本宮卦位），世在四應在初。

本宮五世卦：初爻、二爻相同，三爻不同卦在下之錯
（下卦的錯卦為其本宮卦位），世在五應
在二。

本宮遊魂卦：中爻相同，初爻、三爻不同卦在下之錯
（下卦的錯卦為其本宮卦位），世在四應
在初。

本宮歸魂卦:中爻不同,初爻、三爻相同卦在下(本宮
　　　卦在下卦),世在三應在上。

案例:

　　水地比卦▤▤,將卦上下平鋪對照,只有中爻不
同,而初爻、三爻均相同,所以其卦在下（下卦）,
即水地比卦是其下卦本宮卦坤卦的歸魂卦,其世在三
應在上。

　　　水雷屯卦▤▤,同樣將卦上下平鋪對照,只有
第三組為相同陰爻,而初爻、二爻均不相同,所以其
卦在上,即水雷屯卦是上卦本宮卦坎卦的二世卦,世
在二應在五。

四、解析卦在何宮、何世之目的?

　　解析卦是那一宮的成員,就是要讓我們瞭解,卦
與卦之間相互對應關係,如第七講中火天大有卦
▤▤,是為乾卦的最終精神歸宿,而要達此最終精神
歸宿,則須經過各世卦不同階段變化才能達成,而世
與應則是瞭解該宮與該世之卦過程,進而瞭解全卦的
變化過程為何。

　　如從乾卦▤▤到火天大有卦▤▤時,必須經過天
風姤卦,有遇到貴人現象,才能達乾卦的最終精神歸
宿火天大有。(姤代表不期而遇,卦為庚金與乙木關

係,從庚金角度乙木是為正財,正財就與感情有關係,所以如卜問婚姻、感情卜到本卦時,就比較會有婚外情發生)。

求卦出自何宮其目的,除瞭解該卦的根在何處外,最主要的是要瞭解其出自何宮,才能知道該卦本身五行為何,如此才能求出其六親(八字稱為六神法或十神法,參考萬年曆第33頁),譬如該卦出自於乾宮卦而乾宮卦五行屬金,則該宮之卦皆是屬,以金當主體找出其對應六親關係。

乾卦▉▉屬金只是用其五行概念,如兌卦▉▉亦同樣是屬金,所以說其屬性是不分陰陽,但在我們的學理上,就有分乾卦代表陽金為庚金,兌卦代表陰金為辛金。

另外在八字六神法(十神法)中也有分陰陽,譬如在五行生剋中,當金遇金是為比合,在六親法中統稱兄弟,即六親中不分兄弟或姊妹,都是同屬性不分陰陽,而在八字六神法(十神法)中則分為比肩、劫財;金生水時,係為我生,六神法中為食神、傷官,而六親法統稱為子孫,當金剋木,是我剋者為正財、偏財,六親僅以妻財為之,在火剋金時,是剋我者,六神法

為正官、七煞，六親只有官鬼，到了土生金，是生我者，六神法為正印、偏印，六親只有父母。

經由上述瞭解其五行(木、火、土、金、水)後，再依此五行與主客體、干支生剋變化，做邏輯分析與推理，如此即卜卦的研判與解析。其中六親法是京房易（又名文王卦）所用的邏輯，而六神法(十神法)為八字學裡的邏輯，所以說每個人對卦解析，都有其使用的邏輯。

五、京房易六十四卦六爻納支裝卦法。

在 12 地支中 1、3、5、7、9、11 的排序為陽數，而 2、4、6、8、10、12 為陰數，所以其排序奇數為陽偶數為陰，這裡是依其排序而言，是不涉及其內在的陰陽屬性，如地支子排序為 1 是為奇數為陽，但子實際上是代表天干的癸水本質屬陰，又如地支巳火排序為 6，為偶數為陰，但巳本氣本質代表天干的丙火，本質屬陽，所以此處是不言本質，是純以排序而言。

以乾卦為例若將乾卦轉成人倫、家庭關係，乾代表父親是家庭中最大者，所以其排序是由子開始順排（陽主順排），即乾卦由下而上的各爻，是依上述陽數 1、3、5、7、9、11 的順序順排，即依地支的初爻

子、二爻寅、三爻辰、四爻午、五爻申、上爻戌排列。

在乾坤生六子，乾坤初爻交易得震卦與巽卦，而震為長男巽為長女，中爻交易得坎卦與離卦，而坎為中男離為中女，三爻交易得艮卦與兌卦，而艮為少男兌為少女，所以乾卦所生長子為震卦，而長子繼承父業所以與乾卦地支排序相同，而中爻交易得坎卦中男，因此從奇數的 3 寅開始，為初爻寅、二爻辰、三爻午、四爻申、五爻戌、上爻子，三爻交易得艮卦少男，因此從奇數的 5 辰開始，為初爻辰、二爻午、三爻申、四爻戌、五爻子、上爻寅。

然後坤卦是代表陰，因此其地支之配是 2、4、6、8、10、12 偶數的陰為之，即由丑、卯、巳、未、酉、亥等地支排序所代表，而當乾卦代表父而地支以子代表時，則坤卦代表母親地支應是以丑為代表，但因丑是代表長女之位，而坤為地所以是代表未，且長女與母親觀念是完全不同，有天差地別之情形，所以兩者有丑未沖之情形。

所以長女為丑(2)時母親就為未(8)，而未同時也可代表坤卦（西南方位為未坤申），所以母親就由未(8)開始，而巽卦代表長女因此由丑(2)開始，而陰主逆排所以坤卦逆排，就為初爻未、二爻巳、三爻卯、

巳爻丑、五爻亥、上爻酉。而巽卦所代表長女由丑逆排，為初爻丑、二爻亥、三爻酉、四爻未、五爻巳、上爻卯，再來離卦代表中女，由卯逆排為卯、丑、亥、酉、未、上爻巳。而兌卦代表少女，由巳逆排為初爻巳、二爻卯、三爻丑、四爻亥、五爻酉、上爻未。

以上就是《京房易》六十四卦六爻納支裝卦法（裝卦方式與卜卦方式是相同的均是由下而上），此裝卦法是依卦之上下卦不同而配予地支，也就是上卦與上卦，下卦與下卦來比對配合，如天山遯卦☰☶。上卦為乾卦而乾卦上卦地支為午、申、戌（由下而上），下卦為艮卦而艮卦下卦地支為辰、午、申（由下而上），因此組合後的天山遯卦☰☶之地支，由下而上為初爻辰、二爻午、三爻申、四爻午、五爻申、上爻戌（可參照萬年曆第 33 頁，六十四卦、六爻、六親卦納甲裝卦表）。

所以前述各卦納支，是八宮卦基本元素，在易經六十四卦之中，各卦在納支之時，上卦就取上述八宮卦上卦地支，下卦就取八宮卦下卦的地支，這就是京房易所用的原理。

六、老師個人所使用裝卦法

老師個人研究心得認為上卦代表先天代表天

干，下卦代表後天，因後天代表時間、季節、方位，在干支中天干代表象，地支代表時間、季節、方位，如此將上卦代表天干，下卦代表地支的後天，所以是以 24 山方位圖來套入裝卦，故是採納卦、納甲、納支方式為之。

◎乾卦的下卦配以戌、乾、亥（西北方、後天方位），上卦為丙、午、丁（南方、先天方位）。

◎震卦下卦為甲、卯、乙（東方、後天方位）上卦丑、艮、寅（東北方、先天方位），坎卦下卦為壬、子、癸（北方、後天方位）上卦庚、酉、辛（西方、先天方位）。

◎艮卦下卦為丑、艮、寅（東北方、後天方位）上卦為戌、乾、亥（西北方、先天方位）。

◎坤卦下卦為未、坤、申（西南方、後天方位）上卦壬、子、癸（北方、先天方位）。

◎巽卦下卦辰、巽、巳（東南方、後天方位）上卦未、坤、申（西南方、先天方位）。

◎離卦下卦丙、午、丁（南方、後天方位）上卦甲、卯、乙（東方、先天方位）。

◎兌卦下卦為庚、酉、辛（西方、後天方位）上卦辰、
　巽、巳（東南方、先天方位）。

　　以上各卦的納卦、納甲、納支方式，是考慮到
24 山的邏輯，因為我們所研究學理只有一套，而且
他是串連起來的，所以上卦代表先天的天干是形於
外，是可以被見到的原來的地形地貌，而下卦是代表
後天的地支，代表了時間、季節、方位，所以整體而
言都是用 24 山的方位，如要更為明白可將 24 山定位
後，配以先後天卦位，就可一目了然。（即畫出 24 山
圖表再配先後天卦位）。

　　不管是《易經》、卜卦或紫微斗數或風水、地理、
陰陽宅或八字上的解析，兩者對於事理分析解釋都是
相同屬性，傳統觀念認為五行是相生相剋的，但此種
觀念是否就正確，如果依物象而言是正確的，但如以
易經對大自然原理觀察解說，則從未涉及傳統五行相
生相剋，如此好像易經是不符合邏輯，但事實卻只有
一種，因五行生剋是物象，而易經強調的是天象並非
物象，雖然要勉強將其轉化為物象亦無不可，但其所
強調的還是在天象。

　　譬如六十甲子的甲午所代表雷火豐卦䷶，並未

言是木生火,假如是木生火那樹木就付之一炬,因此豐卦是在言火生木,也就是太陽的溫度能量,可以讓樹木長得更為亮麗豐盛,故如問事業卜到此卦,代表此人事業是有所成的,然當事業有成時,就容易引起他人的忌妒與覬覦,為杜絕他人不法手段,因此對於違法者,採取立即處置方式,以為有效遏止犯罪發生,誠如該卦大象傳:「君子以折獄致刑」。由此可知卦是言火生木,而非木生火。

再如山水蒙卦☶☵亦未言是土剋水,而是言高山無法留住水(水代表智慧),因此水會往外而流失,即智慧會流失,所以須加以啟蒙教育,另外水山蹇卦☵☶也是相同的未言土剋水,而是言水從山上流下來時是忐忑不安的,也由此比喻人欲由山上而下,其路是難行讓人不寒而慄,因此就有寒足之象,所以蹇、蒙兩卦並未言土剋水,而是後世之人以物象原理而加以改變。

故研究《易經》以後對某些學理,是必須加以更正的,但若只純以《易經》卦爻辭的說文解字做註解時,則失去了易卦對天地萬物變化的宏觀視野,所以必須溶入天干、地支、天象、物象,才顯示其所概括的一切,故對《易經》研究必須兩者兼具不可偏廢。

這就是老師在學習各種學術過程中的一種心得。

　　從以前各講中對易卦解說，可以肯定易卦組合中上卦是為主體，所以從我們研究的學理看，卦的卦象與卦名是相同的意義，如上述山水蒙卦☶☵一般學者對於卦解析，大都以該卦卦爻辭做解釋，但我們則是以象來註解，因為有☵與☶此二象，才會產生這個卦名，所以此字也符合了此卦，同時也符合上卦為主體，下卦為客體的現象。

　　從整部易經六十四卦中分析，亦從未脫離此一現象，所以在個人研究之後，認為卦的 4、5、6 爻變動，就要將上卦變為客體，這個就是解釋易卦最重要的切入重點，原因就在主體不變的才是上卦，所以不變才是代表先天，即地球原來的地形地貌，此現象也是我們認定的觀念，即所謂的先天是不可改變，但事實上並非絕對如此，他是可以透過後天福德加以改變。

　　就如同同年、同月、同日、同時、同分生，甚至孿生兄弟姊妹等，何以其命運會不相同？由此就可以證明命運、八字是可以改變的。有如古代有名五術大師賴布衣，寧願背著先人骨骸，為人擇良地而葬，而確沒將先人葬於良地，其實是在告誡大家，風水是留

給有福德之人，也就是縱使是福地，但福德不足葬之
亦無益，由此可以反思縱其一生，都是在尋找有福德
之人。

附註：

**京房易（文王卦）中各爻納支，卦與地支五行屬性及
六親屬性五行配法：**

　　一各爻配地支情形，陽卦配陽地支，陰卦配陰地
支。陽卦為往前推，陰卦則往後退。

陽卦：

◎乾卦內卦初爻配子、二爻配寅、三爻配辰（震卦各
　爻亦同）。

◎乾卦外卦四爻配午、五爻配申、六爻配戌（震卦各
　爻亦同）。

◎坎卦內卦初爻配寅、二爻配辰、三爻配午。
　坎卦外卦四爻配申、五爻配戌、六爻配子。

◎艮卦內卦初爻配辰、二爻配午、三爻配申。
　艮卦外卦四爻配戌、五爻配子、六爻配寅。

◎震卦內卦初爻配子、二爻配寅、三爻配辰（與乾卦
　同）。

◎震卦外卦四爻配午、五爻配申、六爻配戌（與乾卦

同）。

陰卦：

◎巽卦內卦初爻配丑、二爻配亥、三爻配酉。
　巽卦外卦四爻配未、五爻配巳、六爻配卯。
◎離卦內卦初爻配卯、二爻配丑、三爻配亥。
　離卦外卦四爻配酉、五爻配未、六爻配巳。
◎兌卦內卦初爻配巳、二爻配卯、三爻配丑。
　兌卦外卦四爻配亥、五爻配酉、六爻配未。
◎坤卦內卦初爻配未、二爻配巳、三爻配卯。
　坤卦外卦四爻配丑、五爻配亥、六爻配酉。

二、卦、地支、六親屬性（五行之屬性）

八卦五行屬性： 金：乾、兌。
　　　　　　　　　木：震、巽。
　　　　　　　　　水：坎。
　　　　　　　　　火：離。
　　　　　　　　　土：艮、坤。

地支五行屬性： 金：申、酉。
　　　　　　　　　木：寅、卯。
　　　　　　　　　水：子、亥。
　　　　　　　　　火：巳、午。
　　　　　　　　　土：辰、未、丑、戌。

六親五行屬性：以本身為金：生我者為父母（土）。

我生者為子孫（水）。

剋我者為官鬼（火）。

我剋者為妻財（木）。

比和者為兄弟（金）。

三、案例：（以遯卦䷠為例）

遯卦為乾宮二世卦，乾卦本卦五行屬性為金，故本宮之卦皆為金

遯卦各爻納支配法：

1、下卦（內卦）為艮卦因此各爻地支（五行）配法，初爻配辰（土）、二爻配午（火）、三爻配申（金）。

2、上卦（外卦）為乾卦因此各爻地支配法，四爻配午（火）、五爻配申（金）、六爻配戌（土）。

六親配法：

◎卦初爻辰（土），而本卦是金，因此有土生金，依六親生我者為父母，故初爻為父母。

◎第二爻午（火），而本卦是金，因此有火來剋金，依六親剋我者為官鬼，故第二爻為官鬼。

◎第三爻申（金），而本卦是金，因此二者是比和，依六親比和者為兄弟。故第三爻為兄弟。

◎第四爻午（火），而本卦是金，因此有火來剋金，
　依六親剋我者為官鬼，故第四爻為官鬼。

◎第五爻申（金），而本卦是金，因此二者是比和，
　依六親比和者為兄弟。故第五爻為兄弟。

◎卦上九爻戌（土），而本卦是金，因此有土生金
　依六親生我者為父母，故上九爻為父母。

宇宙間的符號（易經三）第九講（2016/05/4）

一、 問題與解說：

（一） 丑年出生之人，應選擇那個座向的納骨塔
位？又對預購往生塔位看法如何？

　　以老師看法認為不要預購往生塔位，因為當下想
法與未來的想法是會有所不一樣，而且塔位不會有所
謂好的，而讓他人先買走情形，在塔位使用上只有金
錢考量，沒有方位的考量。而且如考慮到座向問題
時，因每一年在刑煞不同，且還要配合往生者的所有
子女，所以原則上以須要使用當下，再行購置為宜。
若是個人已有定向，那當然就另有別論。（譬如夫妻
已有一人往生，而另一人希望死後同裝，那當然就須
先行預購）。

乙丑年、甲申月、戊寅日、丁巳時生之人。

時	日	月	年
丁	戊	甲	乙
巳	寅	申	丑

　　其往生塔位在老師個人認為，可選擇座東朝西或
座北朝南，因此等方位為寅或甲的方位，為丑者剛好
可以承載，因為在甲、申、戊、寅木是受傷的，而座

此方位剛好能夠修護甲木或寅木，而且官星也是代表其事業，對往生者言事業則是代表家族之意，因此丑就有凝聚整個家族的意義，但在傳統學術巳、酉、丑是煞東，而且寅與甲又有木來剋土的情形，所以認為座東是為禁忌。

但在我們的學理上，是為甲子乙丑海中金，即在納音五行上為金（附註），而且丑可以把甲與寅的氣拉進來，如此就有子孫就容易團聚之象，也就是對子孫之間的凝聚力是好的，而且子孫的事業穩定，唯這只是老師個人用法，並不代表每個人都是如此用法，所以傳統學術認為是大凶不能用，而此人出生日又為戊日因此又有煞東情形，那就要看此家之人敢不敢用此方位。

假如認為巳、酉、丑煞東，有此禁忌而不敢使用時，則可以採用座北朝南方位，或者也可以用座庚方位，但不可用申方位，因座申與上述八字會產生刑剋，還有如座西（酉）則有巳、酉、丑三合山情形，那是沒有人在使用的。另外在先人的立向上，當然也可考慮其原本八字刑剋，因此也可採用開印運章通關方式做為調整，並不一定要採用年柱上傳統用法。

至於塔位的樓層，在老師研究學理上，認為第二層最佳，因此層除便宜外，也剛剛適合子孫跪拜祭祀，至於選擇編號則可以使用，以往上課提過比較好的號碼如 3215、8315、1235 之類的。

　　至於選擇納骨塔管理者方面，在公辦、私設或寺廟兼辦等，種類中何者為佳，個人認為以公辦最佳，因私設、寺廟等雖在購置時，都已包含管理費用，但當其塔位售罄，且管理費用用盡，而再無錢財來源之時，則必然會關門倒閉，所以還是以公辦為最佳，至於地理環境好壞，那只是地理老師所學的派別，以及個人感受而已。

　　前述納音五行，是因早期八字用年柱定位，即以年柱為主體，而現在八字都是以日為定位（日主）為主體，所以說很都的術數，都是透過研究而所得，就如我們亦可透過自己研究心得來加以定位，就如八字是可以字字定位，宮宮定位的，這個原理也是來自於紫微斗數，在紫微斗數之中，每一宮位都可重新新立太極與定宮。

　　古時之人之所以用年柱，是因比較不重視出生月、日、時，因使用出生年來定位其誤差會比較小，

但當重新定位為日之時，就會引起大家重視出生日與時，在年柱而言是代表，思想與觀念或父母祖先，一般稱之為福德宮；所以納音五行，也是一種傳統用法，所以也可用此方法來推論樓層，就如前幾講中，採用五行或天干方式，來推論樓層道理是相通的，所以每一派都有其運用方式，但只要個人所用的方式只有一種，如此就不會在若干年後，發生自己指責自己不對情形。

（二）　現為家庭主婦之人，以數字 1713 問從事生意是否可行？另外與子女關係又為何？

以上所提的是整組數字，因此就直接以尾數為主體，而最後數字為 3 因此以 3 為主體，而 3 當主體時則 7 為其財星，且 7 也為 3 的動態之星，故從整組數字言，此人是閒不住的，且 3（丙火）會驅動 7（庚金）來劈木（1 甲木），因此居家閒而無事之時，就會感覺身體筋骨酸痛，但如做生意則因為會更為忙碌，所以病情也會更為嚴重。

綜觀上雖有上述情形，但如是經營金紙類商店，則剛好形成有木燃燒的象，因此就還可以從事此項行業，至於其與子女關係，因有 3 丙火來驅動 7 庚金來劈木情形，所以其想法較為不同且會有誤差，因此其

任何決定，都會被子女認為錯誤的，因此小孩就比較不會認同，所以對小孩事情，就由他們自行處理，而不要加以干涉。

如孩子們交有異性（男、女）朋友時，為人父母者是否須要瞭解對方底蘊，就常識上而言，雙方已互相喜愛，是不會因為家長的話而改變心意的；但是做為家長還是須要去瞭解，第一代表家長有在關心，第二將瞭解後想法向孩子闡明，如此表示家長有提醒有在意，唯須確記對好壞都不要勉強，因為家長也是無法干涉的，如此往後若發生任何事故，代表家長曾有開導或關心，也盡到了家長應盡的責任，如此也才不會遭致孩子們的埋怨。

（三）新居落成後何時宴客最佳？

原則上以新居落成當日為最佳日子，如當日無法為之，日後可以選大家都有空的，星期六、日等例假日為最佳，即是親朋好友大家都方便，且沒有壓力的時間，就是最好的日子，若新居落成日子已擇定，落成之後要再擇宴客時間，只要兩者沒有刑剋的例假日即可。

譬如新居落成之日為甲寅日，那宴客時間只要不

是，庚或申日的例假日就可以，如是庚寅日則還沒關係，若是庚申日，則有天剋地沖情形那就不好，如是乙、卯日，就不要擇辛或酉之日。另外在通書上言，諸事不宜之日是否可用？要知道這只是書本所寫而已，並非真的就是諸事不宜，當然通書上所言的吉日，也並非是真正的吉，這只是傳統的儀式而已；所以諸事不宜，老師觀念認為此日是最佳時間，因為此日大家都沒事，可以輕鬆參加宴會。另外言除日者，代表此日可清除不要的物品，也就是說此日是比較沒有牽絆的意思。

對於各種迴向上，原則以迴向給自己為主，待自己能力充足之後，才有能力服務他人，若無標的擅自迴向他人，當某一天有人未獲迴向，則必會有所怨懟，所以胡亂迴向，反而是惹禍上身。譬如何謂公平？真正的公平是要依個人能力做為評鑑，而不是齊頭式的假平等，所以說真正的公平就是不公平，才是真正的公平。

（四）姓名學中貞字義涵

姓名字根中如有由上到下的一直（線）者，就很喜歡敬拜神明及接觸宗教，雖說每個文字都有吉凶，但此處只言現象不談吉凶，貞雖言止於一為正，但在

姓名學上貞字並不好,因貞字是代表收藏,且其也有代表天地之意,所以說能獲得多少利益,完全取決於天地之意,因此取貞字者其特性就是會趨於保守的心態。

二、乾卦的義涵與另用

(一)乾卦的義涵

「乾卦卦序排第一」其義代表乾卦,為《易經》六十四卦,排序上的第一卦,按歷代考究易經排序並不相同,在連山易時是以艮卦為第一卦,此時是人與天在爭,到了歸藏易則以坤卦為第一卦,此時是為人與獸在爭的時刻,到了文王演周易,才改乾卦為第一卦,且也是由二個三爻畫的乾卦,組成一個六爻畫的乾卦,因此稱之為乾為天☰☰卦。此時是為人與人在爭的時刻。

一般裝卦或畫卦是由下而上組合,但看卦習慣性則是由上而下,在《易經》六十四卦中,每卦都是透過爻畫的大象,才定此卦的卦名,而非從卦名而定符號,所以是先有陰陽的符號,然後再組合為卦名。由此就可證明每卦的上卦是為主體,而下卦是為客體為對應事項。

　　乾：元、亨、利、貞，其「乾」字代表卦名是為乾卦而「元、亨、利、貞」則是乾卦的卦辭，也就是針對乾卦▆▆而用的註解，然何謂「元、亨、利、貞」，以四方而言「元」位於東方，代表有木的習性，在一般解釋上「元」為開始，即心中的起心動念，故也可把「元」當成是初發心，而初發心是天真的，是沒有利益的瓜葛，是屬於比較沒有壓力的想法，至於好與壞則是屬於其後的亨、利、貞三者。

　　所以「元」是剛開始的觀念與想法，而無其他遐想，就如是遊玩的性質一般，至於可以遊玩至何種程度，那就須視其所依靠亨火的能力與持續力為何，若初發心只是口頭說說而已，那就沒有行動的持續力，而真正持續的行動力量就是「亨」，以五行而言亨代表火的情性所以就持續力，也就是初發心後有持續力的火，如此才能讓木成長茁壯，假若沒有持續力，那所想或所為事，就會不斷改變，所以持續力也是一種行動力，但因火的能量如有水進來，則容易遭受毀滅，而沒有辦法完成亨，因此東方在我們天干的牌卡中，是以樹木為代表。（牌卡內容之說明如第三項的卜卦牌卡之運用）。

　　而亨與享、烹此三字，在《易經》經文之中是相

同的字義,如火風鼎卦 象傳之中,此三字皆為相同之義,由方位宮格上看「元」為陰,而「亨」為陽,所以「亨」是代表陰陽之氣在交感,也因有陰陽之氣在交感才得以「亨」,若有陽無陰就容易盲目行事,而陰也是初發之心,故其想法是沒有人知曉,只是在內心之中思想而已(春天之氣、木都代表規劃執行),當內心思想化為規劃執行,而準備開始行動之後,此時即有了陰陽之氣的結合了,因此才能造就「亨」。

　　然後「享」字所代表的是人與天、人與神,如祭祀是為敬仰天地謂之「享」,即人與天、人與神之氣交感,而「烹」字則是水火之氣在交感,即水火之氣有交感才可「烹」,所以由無形的「亨、享」(陰陽之氣、人神之氣)至看得到的水火之氣的「烹」,雖然是由無形轉至有形,但都是在言陰陽之氣,所以元亨(木火之氣)代表的是育木,所以亨最主要的是要育元,也就是初發心透過亨來完成理想,由此可知是火來生木而非木來生火。

　　當有了初發心及持續力之後,接著就能達成所追求的目標或利益,也就是元亨之後的「利」字,將「利」字拆開是禾與刀,前也述及當天干遇到地支比肩謂之祿位,但是如果自己的祿為刀所切就成剝,所以說用

刀收成禾，是代表獲得了利益，所以有了初發心且有持續力，雖然是為豐收，但要能夠得到多少，才能夠稱之為「利」，也就是真正的獲得多少才是「利」，就如前一講中乾卦的歸魂卦，所強調的是能使所有的人獲得多少利益（火天大有☲☰），才是乾卦的最終精神歸宿。

所以有元、亨、利的最終精神歸宿必須是要大有，而所謂大有並非是指自己所有，因只自己所有則只是私利的小有，而大有是要大家都可以獲得好的成果或利益，所以乾卦的主軸所代表，主要是有好的初發心，有好的持續力，那麼每個人如都能有此做為，就可獲得所要追求利益。

然而至於獲得的利益，能不能好好的保存，則須賴「貞」之一字，「貞」字拆開上有一直線、線旁有一點、下而為貝，上之一直仍通天地之意，而旁一點代表天之意，而下貝仍為財，而「貞」也言止於一代表的是初發心與正也，故「貞」有代表天地之意，所以每個人能保存所獲之利益多寡，除了自己要努力之外，其它就都要由天來管理與決定，亦即能存下多少錢財與利益全在於天地之心。

在「元、亨、利、貞」而言,也代表春木、夏火、秋金、冬水,而人立於中土之上,當人行至東方之木時,則代表已有二人形成(木也代表人,仁就是二個人),所以此時從事工作,就須要有所負責,且應具仁德之心,而此二人相聚之生存,仍須依賴天賜給的能量,然後慢慢再成為火天大有☲☰,至此是為大家都有的眾多之人,再而個人能存下多少利益,都須要由天來決定;所以說「元」為初發心,他代表播種的多少;而「亨」是為發心的持續力,有其持續力才能獲得「利」益,但當獲得「利」益之後,「貞」真正能留下來多少則是天所給予的,所以要感恩天地所賜的一切。

綜上可以了知乾卦的「元、亨、利、貞」四德,即在代表這些事項,《易經》是在告誡人們,在不違天地人倫下,要有所為有所不為,如易卦第六十卦節卦卦辭:「節,亨,苦節不可貞」,故易仍反對強制壓抑,而是強調中道思維與憂患意識,同時也強調貴寡與生生不息的循環之道。

(二)乾卦的另用

乾卦☰☰也代表人生所追求目標與過程,所以遇事如有不通暢感覺,也可將乾卦合以「元、亨、利、

貞」畫為符咒，然後再將先天八卦印章蓋上即可疏解。

　　其方法由接受符令者，親自以米酒磨硃砂之墨（酒除通天地外且少雜質，而親自磨墨之義，是代表由自己產生元、亨、利、貞的律動，以及意志之力），然後施咒者再以筆沾之，在黃枯紙上畫上乾卦的卦象 ☰，然後再分別於乾卦左下方書寫「元」字、左上方書寫「亨」字、右上方書寫「利」字、右下方書寫「貞」字，最後再蓋上先天八卦章戮，如此即完成符咒之施作。

　　元、亨、利、貞書寫之處，同時也是代表寅、巳、申、亥之位，因此是有貞下起元、春夏秋冬，生生不息的循環之意。

三、卜卦牌卡之運用：

各種卜卦之牌卡其使用方式都是雷同。

（一）各類牌卡畫面說明

　　在牌卡之上有四個圖騰，分別代表元、亨、利、貞與春、夏、秋、冬，其中樹木代表春天、木的習性，以及初發心與元；而太陽是代表夏天、火的情性，以及持續力與亨；鑽石則代表秋天與收成及利，而水缸則是冬天與收藏及貞。

地支牌卡：生肖之屬性位於牌中，而牌卡底下有八卦與月令，而八卦是用十二辟卦為代表，所以巳為乾卦 ䷀、酉為風地觀卦 ䷓。（如巳代表六陽是為最圓，然後依序由一陰生二陰生到亥代表六陰，復而一陽生再到巳六陽循環）。

天干牌卡：天干位於牌中，而牌卡底下則有樹木（東方）、太陽（南方）、鑽石（西方）、水缸（北方），這也是代表春、夏、秋、冬，如乙木而下有太陽，代表木遇太陽所以是夏天位置，所以此張牌代表乙巳，如牌卡庚金7而下有鑽石，鑽石代表利是為秋天，所以是庚金是為在秋天，代表其含有庚申的象，因此代表此張牌卡含有庚申之象。

◎譬如卜問對此堂課內容可以瞭解嗎？

如同學抽出的是丁火，而下為秋天的金，則此牌丁火是代表晚上的情性（丙代表太陽），牌卡下的金代表酉，而酉也代表太陽下山，所以說都是在黑暗之中，故此張圖卡也是以暗色為主，所以代表的是老師非常認真的教，但學員仍是不解其意。且在聽課上是有緊張情形。

另外此張牌卡也代表有癸滅丁之象，所以代表在

太陽下山或月亮上升時刻，自己是無法理解老師所授的內容，所以若要明瞭其內容，只要在早上時間做複習或預習就可理解。

又如抽到牌卡為癸水，而下為鑽石則此張牌卡代表癸酉，因鑽石代表秋天且有申、酉、戌的象（春天為寅、卯、辰，夏天為巳、午、未，秋天為申、酉、戌，冬天為亥、子、丑），癸酉有水入澤情形，因此代表有獲得知識，只要再把他拿出來用就可以。因癸水入酉澤代表是癸的印星。

所以在此堂課內容中是可以獲得知識，但從酉角度而言是水入澤，所以裝著不用就會變成澤水困卦 ䷮，若從癸角度代表拿出來用，則變成水澤節卦 ䷵表示是可以隨心所用，代表只要拿出來用，那此堂課內容是學得會的。所以在卦的解析上，是可以上下易位使用。

若為甲木遇太陽（巳、午、未）則為雷火豐卦 ䷶，則是對今天課程聽得很有感受，是代表可以瞭解授課內容，而且可以現學現賣。

如問是否可找得到未來工作伙伴，抽到丙火底下

圖騰遇見大樹牌卡，大樹是代表寅、卯、辰，故此張牌卡就有丙寅或丙辰之象，那要用何者來何解析，原則上應該是丙寅、丙辰兩者須同時出現，即未來工作伙伴為寅但也可能變成辰，如此代表可以找得到工作伙伴，而且現在已經物色好對象，且可以跟他好好的合作。

如卜問規劃興建停車場時，誤將八卦排卡中六張動爻牌卡，當成八卦卦卡抽卜，在使用上原則上是不對的，但還是可以加以解析。

譬如抽中第一張為乾卦☰第一爻動，其意為陽在下是潛龍勿用，此情形代表都是在規劃而已，並沒有加以執行，第二張為乾卦☰第二爻動，是為見龍在田利見大人，此處「利見大人」的大人，並非是政府官員，而是代表使用者，所以說只要執行完成停車車位施作並公告，如此就會有人來使用停車位，所以是不要只有想而已，而是須見龍在田，才可以利見大人。

牌卡只是一種工具而已，所以手上有任何牌卡，都能可加以利用，並沒有有所限制，另外牌卡使用上如同時抽二張，分別代表主體與客體，則可以不用再理會牌卡之下的圖騰，對牌卡則須重複不停的玩，才

能深入理解其義涵，猶如上述乾卦所言的元、亨、利、貞，春夏秋冬的循環。

（二）啟用開牌

　　當要開始使用牌卡時，首先要執行啟用儀式，若未執行啟用儀式也沒有關係，只是有執行啟用儀式就會更為準確；開牌啟用儀式其方法如后，首先選擇農曆的 14、15、16 日，但該等之日須為丙、丁、戊、己之日，因此等日子也稱龜、蛇兩將之日，其中丙丁之日是代表日月，而戊己之日是為有高低代表陰陽，又農曆的 14、15、16 是為月圓之日，是為與天地、日月交感。

　　在此等日子利用有太陽的早上，將牌卡展開讓每一張牌卡角落，曬到太陽，然後觀想呼請心慕的神明，以及太陽神君、太陰星君等諸神明，奉請諸神將其能量加持於牌卡之上，在呼請諸神明之時，也須將做事方法及作為加以一一陳明，如此呼請做為先後須連續七次，然後將牌卡收起待晚上月亮升起後，比照白天模式再執行一次（當天如遇雨天則須再重來）如此就代表勒令完成。

◎如已開牌而未執行啟用儀式牌卡，亦可用此方式

重新執行啟用儀軌，此法在於與天地、日月交感，更增加其靈驗度。

（三）使用方式

要使用牌卡卜卦首先為洗牌，而洗牌則要由卜問之人親自為之，譬如要問預計在農曆六月，將開張新店營業是否可行？

此時就請其洗牌併就此問題加以觀想，洗牌完成後，隨即請其隨便抽出乙張牌卡，這一張牌卡就是第一張也稱之為主體(事項的主因，或問卜之人)，並將此牌置於對面左手邊，然後再將餘牌再次洗牌與觀想，完成後再抽出乙張牌卡，此張牌卡為第二張，也稱之為客體，也是為對應關係或結果論，然後將牌卡置於右手邊，然後依據第一張牌卡與第二張牌卡組合，就可以加以論判解析。

◎每幅牌卡中每一張牌卡都有四張，代表了春、夏、秋、冬與乾卦的元、亨、利、貞(牌卡本身的一個能量圖騰)，如此抽出牌卡，就可不用重新再擺入洗牌。

◎譬如要問做事業是否可以？

　　首先請卜問同學將天干牌卡洗牌，並觀想此問題，然後抽出第一張牌卡，放於左手邊，抽完第一張牌卡後，再接著洗牌與觀想再抽出第二張牌卡，放於右手邊，經此程序先後抽出天干牌卡，其號碼分別為9與6，從9角度6為正官己土，若是要做事業就必須輕鬆的做，代表做事業目標就是要無拘無束自由自在，己土是不會剋水的，反而水在己土之上，是可以暢行無止，此二者構成的是水地比卦䷆，代表是把工作當成一種享受，所以說工作上是輕鬆自在就可賺錢，故要做事業是可以的，並且也特別有自己獨創的風格品味。

◎譬如要問現有土地，此時是賣出佳還是保留好？

　　以地支牌卡為之時，一樣請卜問同學，將地支牌卡洗牌並觀想抽牌，經此程序抽出地支牌卡分別為第一張酉，的二張辰，在學術上酉辰稱之為六合，而辰、酉的合因酉為酉金，而辰可育木可讓樹木生生不息，因此代表此農地是具有價值性的，如不急著賣此地是可以再增值的。

　　另外辰、酉合也代表牽絆，而牽絆就是一種顧慮，因此有想此想彼之意，所以本身尚有捨不得賣情

形，且辰、酉合也是期待合為金（即期待金的出現），
而此牌卡之中已有金的出現，代表現在是不缺錢的，
所顧慮只是怕土地貶值而已，雖然此時價錢不差，但
還是可以不用急著賣，而辰酉二者也構成澤山咸卦
䷞，咸卦是代表一直在感應，因此該筆土地是很好
的，是能夠繼續增值。

又從酉金角度辰是為印星，故如以農地換建地或
房屋則還是可以，但如作股票投資，則有酉金被辰收
伏情形故曰不宜。

上述判論亦可用地支牌卡之下所代表卦來加以
解說，如酉雞為風地觀卦䷓，而以此卦之卦象代表
是在觀望，而觀也與宗教、祖先有關，所以也有祖先
喜歡此塊土地之意；如以辰龍所代表的澤天夬卦䷪
而言，則有辛金怕被庚金取代，因此會有現在的價錢
不差，而怕將來價錢可能貶值憂慮，所以就會有所徘
徊觀望。

所以此地若保留而親自前往耕種則是一種樂
趣，因酉辰組合是期望辛金出現，而辛金代表豐收與
果實，所以其與兌卦是有關係，在酉辰也是代表養
生，所以說如親自耕種則是一種樂趣。

附註：納音五行歌訣

甲子乙丑海中金　丙寅丁卯爐中火
戊辰己巳大林木　庚午辛未路旁土
壬申癸酉劍鋒金　甲戌乙亥山頭火
丙子丁丑澗下水　戊寅己卯城頭土
庚辰辛巳白臘金　壬午癸未楊柳木

甲申乙酉井泉水　丙戌丁亥屋上土
戊子己丑霹靂火　庚寅辛卯松柏木
壬辰癸巳長流水　甲午乙未砂石金
丙申丁酉山下火　戊戌己亥平地木
庚子辛丑壁上土　壬寅癸卯金箔金

甲辰乙巳覆燈火　丙午丁未天河水
戊申己酉大驛土　庚戌辛亥釵釧金
壬子癸丑桑柘木　甲寅乙卯大溪水
丙辰丁巳砂中土　戊午己未天上火
庚申辛酉石榴木　壬戌癸亥大海水。

宇宙間的符號（易經三）第十講（2016/05/11）

一.問題與解說：

（一）骨灰罈與神主牌位是否需要分開設置？

　　一般認為需要分開設置的原因，是認為人往生後，其三魂七魄一在骨灰罈，另一在神主牌位，若放在一起會有所不妥，但依老師個人看法，認為神主牌位與骨灰罈，並不一定要分置，可簡單的用紅卡紙寫往生者姓名，然後將卡紙護貝（護貝目的是比較不容易受潮損壞）貼於骨灰罈前面即可，不必再浪費另購神主牌架位安放。所以三魂七魄就會回歸在同一處。

（二）厚德載物之物為何意？

　　坤卦言「厚德載物」，「物」仍代表所有的物象，存在於天地間一切人事物的通稱，也就是很多與千變萬化之義。以「物」字而言左有禾所代表的植物，與半木象所代表的人，而右為勿故言人與非人，所以是代表所有的物象，都全部涵蓋於內，都是坤土所承載的。

（三）居家上是否須注重動線？

　　在陽宅學上之佈局、方位、座向都不是首要的重點，而以房屋動線是首要重點，而且動線也須依自己

所從事工作而律定。

　　譬如賣場將貨物置於接近門口地方，而將收銀台置於後方，如此貨物必被偷走，這即是動線規劃不當，若將收銀台置於可看得到人之出入，如此就可監視各種動態，這才是正確的動線規劃，所以動線先依自己所從事工作律定，在律定之後再言座向，不可本末倒置。

（四）他人悼唁盆花在處理完喪事後，應如何處理為佳？

　　對於他人悼唁盆花在辦完喪事後，應自行丟棄或委由禮儀商家收回處理，如將其留下代表有延續之意，即可能會續有如原來事故，故對具有代表形象之物，不要留下栽植或做觀賞之用。（若喜事則可留下）。

（五）往生塔位是否須選擇方位

　　往生塔位當然也須有所選擇，但其選擇原則以自己所喜歡的為主，當然最好配合往生者的先命，而且也須配合其周遭子孫，因與子孫之間也有磁波互動因素存在。

譬如子女有人是屬虎（寅），或有以寅為字根，本身塔位或墓地，就不要座申向寅，也就是此座向先人是適合，但其子孫切有所不合，但相反如子孫為申，而先人座向立寅，那是沒有關係，如此是不為沖的，而是代表子女得財，在原則上不要沖剋到先人即可，而非一定要選擇最好的，因為所謂最好並非就是最好，而只是自己認為最好而已，所以對先人往生塔位選擇，原則上是以先重生者為主，這才是塔位選擇真正意義。

二、身強、身弱的八字分辨

以出生日為庚辰年、庚辰月、甲午日、辛未時之人，在邏輯上是為身強，但八字學者認為是身弱且是極弱，因為此組八字中沒有任何一個字根來幫自身（甲），所以認為是從財官格，但在大自然邏輯中他一定是身強，因為身強或身弱概念，只是學者的自由心證，並非就是絕對的，但唯一是可以用邏輯分析來證明。

以上項八字從自然觀點，是樹木（甲木）生長在溫度適中的春天，因此可以生長得很亮麗，要知道午與未雖是高溫，但當他處在辰月（三月）之時溫度並不高，雖說庚金可以劈甲木，相同的處於辰月（三月）

之時其氣不強，所以沒有能力劈甲木，但因甲木在春天生長速度很快，會產生一些枝枝葉葉，此時辰月的午、未溫度，剛好可以驅動庚金來修飾甲木，如此反而讓甲木長得更亮麗，所以甲在辰月就不代表身弱，故午、未不是產生高溫，反而是適中的陽光與溫度，成為甲木成長的能量養分，如此才是符合大自然的原理。

反而是日甲子、月乙亥才是身弱，因為寒冬本來就會困木，而且兩者組合形成水雷屯卦☵☳，代表甲木長生在亥，是樹木剛萌芽階段，此時生命最為脆弱，隨時都有可能遭受傷害，所以在結構上為水來破壞與困木，因此須先脫離水困，才有辦法獨立自主，若以人而言水太旺也是岌岌可危，有此象就容易產生慢性病而造成身弱。

時　日　月　年
辛　甲　庚　庚
未　午　辰　辰

綜觀上述八字分辨就可推論，此人雖有很多的庚金，但因處在辰月反而是在修飾甲木，代表讓此人更有能力成為大人物，同時具有春天之氣（辰月的辛未）

與職務（庚金）職責（庚金），使他本身有舞台（午）可以發揮。所以庚、午、未只是甲木周遭的現象，只能用來論其生活所處環境，不能以這些現象來論身強或身弱，因此才說身弱或身強，只是八字學者的自由心證，並非真的就符合了大自然的能量。

三、納音五行概說

　　在早期八字論命方法，是用年柱為定位，就是以年柱為主體，然後再用納音五行生剋論判，其採用方式是將出生的年、月、日、時之干支，用納音五行的生剋來析論，但至宋朝徐子平集八字命理之大成後，改以日干為我（日主/命主），來查四柱間之五行生剋制化、刑沖會合害為推命重點，所以現在就比較少人在用，以老師而言是透過紫微斗數的邏輯觀念，因在紫微斗數的十二宮中，每個宮位都可重新來定位。

　　紫微斗數之中每一宮位，都可重新新立太極為命宮，即所謂宮宮可定太極，經用此邏輯研究後發現，八字也可宮宮定太極，因此在教學上若以地支立太極，就產生子遇午為財星、遇寅為食傷，再來若把年柱定為太極，則年柱就言祖先，以男命而言，此時年柱的天干就代表祖父，年支就代表祖母，月干就代表父親，月支就代表母親，而出生日干就代表自己，日

支就代表配偶，時柱的天干代表子女，若是為女命時就全部相反即天干代表為女性，而地支則代表男性，也就是在邏輯上是隨著陰陽而變，而非所有的東西都是固定的。

　　因此在個人研究心得上，認為不管在易經、子平八字、紫微斗數及陰陽宅等等，其邏輯應該都是相通的，對派別而言只是個人研究心得，應無真正所謂派別的存在，所以不管是採用米卦、隨機取象、姓名學、八字命盤、易經卦象等方式，能準確的對物事解析，並不是因邏輯正確才會準確，反而是用所看到象，再依象來做推論的契機法，所以並非何種理論才是公理。

　　從納音五行角度而言，就是此派學者所用的邏輯，當然此理論亦可做為研究對象，如上述雖然其對五行生剋理論，不是很合乎大自然的原理，但是所論述的五行，切合乎大自然的道理，所以說他是有其內涵存在。

◎譬如丙午、丁未天河水，一般而言水都在地下流動，何以會跑到天上？

　　因為丙、午、丁、未是高溫，能把水蒸發往上至

天空,所以稱之為天河水而不是長流水,因在丙、午、丁、未之時,是為火土且溫度很高,因此在地球某一個區域會產生乾旱,同時在另一區域會有大雨現象,因為高溫把地上之水蒸發往上,所以天就聚集了很多的水層,因此就形成了天河水,而壬辰、癸巳長流水,代表水源源不絕,所以水是不會乾涸,因為壬辰癸巳是水已出現在地面,同時又透過水庫來釋放水,因此有源源不絕的水流。

又如甲寅、乙卯大溪水,何以甲木乙木會形成大溪水,因唯有在高山之處,才能產生大的樹林,所以高山是製造水資源之地,因此看見甲寅,就知道木、水、火一定很旺,因為樹木生長必須水、地、火、風具全才能生長茂盛。由上述可以瞭解,木的成長與五行生剋都沒有關係,但與自然現象則有關連。

四、契機法的意義

以前有位術數大師,看到二隻狗在自家屋頂追逐,就向其家人言今晚須準備水與棍子,家人不明白其意但依囑咐準備,當晚果真發生火警及盜賊二人入侵,幸有準備因此得以從容應付,事後家人詢問何以知道有此事?

其言道：狗仍艮卦☶，而艮☶為門闕（說卦傳第八章），是為利禦寇，又狗為十二地支戌，而戌也代表高山之土，而土是要阻擋水的，而水為坎卦☵而坎是為險為盜寇（說卦傳第十一章），而二隻狗在屋頂追逐之象，即形成山在上水必往下流情形，且戌是代表太陽下山之時，是為火庫也代表是為晚上時間，且艮卦上互為離卦，因此有火象，所以說必有盜匪二人會來，因此須要二座高山阻擋，且有火象必遭縱火，其子聽完之後恍然大悟；由見到二隻狗在屋頂追逐之象，而知曉將有事故發生，這就是所說的契機法。

◎例如前曾有人要老師堪輿陽宅，當時也未使用羅盤及獲得相關資訊，僅房宅繞一圈就知道他們生活模式，何以會瞭解呢？

完全是由觀察周遭環境，再配何生活上用品而來，如發現太太貼身衣物是非常性感且時髦，而丈夫所用是古板且又黃又黑，就代表丈夫是不重品位，由此可知房內之事觀念相差很多，那夫妻生活感情怎麼會好，生活何以可獲得協調呢？這就是以物類推萬物，所以很多事物探究，何須借用八字、羅盤等工具。

綜上可知易經八卦、十天干、十二地支就是一套學理，不可因為研究者不同而推翻這些學理，易經八

卦可以流傳幾千年,一定有其道理之存在,所以說不可能再研究一套學理來反擊他,然後又說易經是合呼邏輯這不是前後矛盾嗎?因此不管是任何學說,其最源頭還是易經,而易經原本符號也只是陰陽,然後透過陰陽變化,而形成大自然的各種現象,所以遇事時是以易經為主體,然後再配合天干、地支的取象,就可加以推論與演繹。所以不管是使用納音五行,或是其他方法分析演繹,原則上是以自己習慣使用的為原則。

　　目前納音五行大多是使用在陰宅堪輿方面,其運用陳如上述是把干支五行,轉化成為納音五行干支來運用。所以有很多學理都只是一種儀式,只要照著此種儀式而行就是對的,而沒有照著儀式走就是錯誤,但是做了之後的吉凶就無人知曉,當然也有很多巧合那就不言可喻。所以說任何學派都是可以使用,但最後都必須回歸大自然源頭,即回歸《易經》符號所代表的日月與陰陽物象。

五、八字與姓名學補充說明:

　　以老師個人研究心得而言,認為在八字中的宮宮定位,其準確度是相當的高,不妨大家可以參考使用,其方法假設要論配偶,就從日支定位,也就當以

此為定位時，日支就是配偶，而配偶的子女、父母親、兄弟姊妹、祖先等也都可以定位，其延伸方式與六親定位的邏輯是相同的，八字可以如此做為，紫微斗數亦也是如此，二者可說是同一氣，只不過紫微斗數強調星宿做為神煞，故以八字論命時，就不要強調星宿神煞，如用星宿神煞那就單獨使用紫微斗數。也就是用星宿神煞論命時，就採用紫微斗數，如採用八字論命就不要用星宿神煞，直接用五行交互生剋來推論。

　　有同學言八字很準所以很重要，不容忽視，假如八字真的很準，那相同八字之人，其命運應該相同，如此才合乎邏輯，但經過研究及事實驗證，這些人並沒有完全相同的命運，有些人為了自圓其說，就言是因為出生地點、生長環境及家庭背景不同，才造就了不同的命運，所以言八字很準的人，只不過是自欺欺人罷了，由上述知道八字雖是相同，但命運不一定是相同，由此加以反推八字所產生的命運是可以更改的。

　　甚至有些人最後用福德不同來搪塞，要知道何講德？從德字拆開而言，右上十為天地，中之四為春夏秋冬四時，而下為一心一意，左之彳是為做人應做之事，所以德字代表做人處事，要一心一意，並符合天

地自然與四時時序,當本身具有了德之後,然後做自己所應做之事,每天進步一寸,如此才會有所得,此也是得字之所來,所以言德也是不符合邏輯。

另外在姓名學中一般人都喜歡吉數,但針對大企業家、高官顯要姓名探究,有那一個人除姓外全部都是吉數,所以說不要在意吉凶數,因為凶數之人才有大的格局與思維,從事工作才會創新與改變,而吉數之人只求安於現狀。

譬如屬龍之人其名字中能否用「翔」字?

因翔字是代表輕盈可以飛翔,若從造字之象而言是羊在飛翔,其是因巳、午、未是屬火的能量,而火的能量是無形而只有氣,在巳、午之時只是能量溫度並無形體,而當火到了未時是為其終點,所以未就成為火庫,因此就有了形體,有了形體又可以輕盈飛翔,代表是有了肉體,因此就如鳥類一般,而翔同時也有速度之感,所以「翔」字是代表在高空之上且是有生命,所以若「翔」字沒有羊為邊就是代表沒有了生命,猶如稱贊好的東西為「美」,而美字乃是羊大之象,所以「翔」代表有形體且是輕盈的東西,所以此字是有形體且很輕,對於事物可以掌控自如。

　　說屬龍不宜取此字因用了會有天羅地網，其實這只是一種名稱而已不用太在意，所以說此字是可以用的，而且用了是智慧大開，因羽往上而飛（氣往上），而羊往下而望（形體往下），代表是可以知天地之事，因此翔字是天上能飛地上能走，另外屬龍（辰）之人本命是有智慧的，所以當本命有智慧之人，再加上可以知天地之能事，如此不是很好嗎，那有不可用之理。故姓名文字只要自己喜歡就好，就可與自己發生生命而產生契合，由此反推只要自己不喜歡時就須更改，而非由他人言吉凶或要布局造運而變更。

六、生與死之意

常言道的生與死其意何在？

　　其實很簡單由造字義涵就可以了知，死之一字左為歹右為化之邊，而一橫畫為地上地下之隔，所以死字就是把不好的，在地底之下予以化掉，而在土上節節高升就為生字，所以土上為生土下為死，因此說生死是決定在土，而兩者也可以說是一線之隔，所以活著必須時時求知以節節高升。死亡時就藉由土地將其化去，如此就可轉化為有用的東西，提供地球上萬物生存之所需，如此才有生死是在土上、土下之義。

　　由上可知往生者原則上是以土葬最好，雖然各地

公墓在土葬十年左右,就須檢骨遷葬放入納骨塔中,這與納骨塔重建而遷移遺骨之意義相同,況且現在往生火化者漸多,因此空餘墓地較多,屆時或許已不會要求檢骨遷葬;另外他人已遷葬墓地,只要原墓地底下沒有他人骨骸,且已重新整理如此就可再使用。

　　人言土葬才有風水磁場的,而火化置放納骨塔則無風水磁場可言,此種說法是不符合邏輯,二者都是有吉凶的存在。就連文字都有生命吉凶存在,譬如誰敢隨便於自家門口,貼上忌中兩字呢?由此可以證明任何事物都是有吉凶。但真正的吉凶並非是這些方位、文字,而都是由自己的內心所引起,就如忌字之義乃為己心也,是自己執著在意放不下所引動,而非忌就是凶。

七、納音五行與先天八卦、五行排列組合

◎納音五行可透過先天八卦排列來推算,其用先天八卦運作方式為逢三隔一,而何謂逢三隔一呢?

　　現就以納音五行歌訣之排序來說明,納音五行排列方式是用天干、地支配以五行,如甲子乙丑海中金,丙寅丁卯爐中火,戊辰己巳大林木,庚午辛未路旁土,壬申癸酉劍鋒金,甲戌乙亥山頭火,丙子丁丑澗下水,由上項配對中可以了知,其與六甲旬空配對

略似。

　　當天干由甲依序到最後的癸，而地支是由子依序到酉時，在五行配置上只有金、火、木、土、金而少了水，到了第二輪的丙子丁丑才有水，然後將上述五行合以先天八卦卦位乾（南方屬金）、兌（東南方屬金）、離（東方屬火）、震（東北方屬木），巽（西南方屬木）、坎（西方屬水）、艮（西北方屬土）、坤（北方屬金）。

　　其運作方式由乾卦（屬金）開始左行至震卦（木）止，接著再由巽卦右行至坤卦（土）止，然後將其中相同五行屬性者合為一（乾兌、震巽、艮坤），組合形成了金、火、木、水、土，剛好是八卦運行方式，再將此五行採逢三隔一方：金火木隔水接土，然後是土金火隔木接水、水土金隔火接木，木水土隔金接火，火木水隔土接金，又回歸到金火木隔水接土的循環。

　　以上由後往前推也是金、火、木、水、土，就形成了上述組合架構。所以納音五行歌訣之排列邏輯，可以採用先天八卦排列方式加以推演，這上也是前人採用的術數方法之一。

八、納音五行的五行掌訣排列組合

丙丁 水	戊己 火	庚辛 土
甲乙 金		壬癸 木

　　納音五行的五行掌訣為逢三而返，其方法以左手之食指、中指、無名指上下指節為用，其方式為食指上指節代表天干的丙丁與五行的水，下指節為天干的甲乙與五行的金，中指上指節代表天干的戊己與五行的火，下指節則為空，無明指上指節代表天干的庚辛與五行的土，下指節為天干的壬癸五行的木。如上圖

　　如納音五行歌訣庚寅辛卯松柏木，庚位於無明指上指節，然後由此宮位開始順行，每個宮位數二個地支，然後逢三而返，如此由庚起算子丑、寅卯、辰巳，至辰巳為第三位，但因逢三須再返回，所以到辰巳時就須返回為午未、申酉、戌亥，所以由無明指上指節庚順行起算子丑，到無明指下指節即是寅卯木，所以就形成了庚寅辛卯松柏木，再來如壬辰癸巳長流水，

由壬癸宮指節起算子丑、寅卯（甲乙金）、辰巳（丙丁水），到辰巳時剛好是代表為水的指節，所以就成了壬辰癸巳長流水，這就是用五行掌訣排列對納音五行的推算方式。

九、火水未濟與水火既濟二卦區別

　　火水未濟卦▤▥是因從天而降的癸水，會把溫度降低，甚至遮蔽了太陽，所以不管其排列組合是癸遇丙、丁、巳、午或丙、丁、巳、午遇癸，都稱之為未濟，而水火既濟卦▦▤是因壬水可以儲存火的溫度，同樣不管其排列組合是壬遇丙、丁、巳、午或丙、丁、巳、午遇壬都稱之為既濟。

　　綜觀上述此二者最大不同，是在壬水與癸水，經由此兩卦對照就可知道，在《易經》六十四卦當中，並無兩敗俱傷或皆亡的五行相生相剋學說，而只是以大自然情境的象說明而已，就如未濟與既濟之分別。

　　又如山水蒙卦▥▤以山為主體，是言水由山上往外流失，而水也代表錢財與智慧，所以是錢財與智慧在流失，他並沒有言及土剋水，而在水山蹇卦▤▥是主體的水，要由高山而下是寸步難行且很危險，所以稱之為寒足，同樣也沒有言及土剋水。所以在很多五

術的各種論述中，並不見得都是正確的，也非是何種學派，往往只是個人研究心得而已，就以現在大家目前上課在學習研究的學術，也只能說是比以往任何學術、學派，更貼近《易經》所要詮釋大自然的原意而已，也非是重大的發明。

十、癸巳在不同宮位意義

假如癸巳出現在八字中的時柱，如不談吉凶只針對現象而言，雖然是為火水未濟卦☲☵，也只是很容易因理財錯誤而把錢財變少，從水角度而言火是為財，而癸水會把火的溫度下降，因此不管癸巳是在那一柱，就有可能在那個階段把財變少，所以當自己知道會把財變少時，就不要在那個階段改變投資理財方式，如此就不會破壞了錢財。

所謂的階段是看八字位於何柱而言，如上述時柱則是代表子女，所以當子女對投資有所建議時，就不要附和而行，且時柱所代表是人的後半生，所以此階段也是與子女互動時間，但癸巳有遇事都要瞭解心態，所以也容易引起子女不悅，故當人走到時柱以後，是不可能如傳統學術所言重回年柱，如說重回應該只是回味罷了。（傳統觀念認為1到15歲為年柱，16到30歲為月柱，31到45歲為日柱，45到60歲

為時柱，60 歲以後又重回年柱。或以每柱為 16 歲，四柱共 64 歲，64 歲以後又重回到走年柱了）。

　　又如在癸巳年出生之人，代表長輩在此年比較捨得在他身上花費，因為癸巳是水火交戰火水未濟卦 ䷿，而水火交戰代表處事比較捨得，如自己子女是癸巳年出生，以往是捨不得花費之人，反而在此小孩出生後，就特別捨得替他購買物品。這就是癸巳現象，如在日柱則容易理財錯誤。

　　假如癸巳位在年柱，因此柱代表共業、思維、長輩，因此在想法、思維、精神方面東西比較捨得花費，另外在處理先祖事務上就容易發生錯誤，因他有水滅火的現象，而火是為香火傳承之意，故說處理先祖事務就易生錯誤。

　　因此要瞭解當八字位於何宮位，在走到此宮位的時間點上，就會產生這些事項，這就是針對八字宮位的邏輯分析，所以不可以用其他方式來論，就如上述所言身強身弱，其實只是周遭現象與生活所處環境，若強要用身強身弱就要分事項，因為身強身弱是用在個性上的硬度，也就是身強之人，食古不化自我意識很強，而會如此是因同屬性東西過多所以堅持己見，

身弱之人見風轉舵，因此用此方式來邏輯分析，對身強身弱論述就不會發生錯誤，它與人身格局沒有關係，但與本身抗壓性有關係，唯要知道在此都是言現象而不涉吉凶。

十一、陰陽之道

　　陰者也代表先天代表未知，在先天之時有很多的不確定性，而且是人所看不到的地方，猶如內在思想是別人所見不到的，所以為陰，而在後天則是代表可以看得到的行為模式，所以為陽，所以陰陽也代表先天與後天，以卜卦而言，也是透過由未知的陰轉陽而瞭解事由。

　　譬如卜問小孩參加考試是否能上榜，對於能否上榜是未知之事是為陰，然後透過卦、文字、數字來彰顯瞭解就成為陽，所以透過一陰一陽組合，就有辦法形成萬事萬物。

　　就如乾卦有坤而坤卦有乾，何如此說？因坤卦五行屬土，而乾卦五行屬金，為庚（申），因此坤字左為土是坤本身，而右有申字代表金乾卦的庚、申金，因此說坤卦有乾，兩者是陰陽對待，在五行干支與八卦納甲，乾是納甲而坤納乙，因此在乾字之中的右下

為乙字代表了坤卦，所以說乾卦有坤，因此言乾坤定位，也是天地定位、水火定位，所以水火也代表先天的乾坤。

　　再從後天八卦艮坤方位畫一直線而分，由兩邊所含之卦亦可發現，是乾中有坤，坤中有乾的陰陽繞行，所以六十甲子納音五行，也是透過此一方式來組合，如甲子乙丑海中金，何以不用其他五行，因為他是由壬戌癸亥的大海而來，也就是大海中唯一有生命的東西，甲木長生在亥。而壬申癸酉劍鋒金，因壬申癸酉中的壬申代表狂風暴雨，因此就有很銳利之義，故稱之為劍鋒金，而海中金是來至於癸亥的大海所延伸生物，白臘金則代表成型的金、玉，凝聚陰陽之氣，也代表臘燭之義。

宇宙間的符號(易經三)第十一講(2016/05/18)

一. 問題與解說：

◎在陰陽宅中是否任何座向，都可稱之左青龍、右白虎？

　　在陰陽宅堪輿地圖方位，原則上是以上方為南方、下為北方、左為東、右為西方（現行地圖方位則是上為北方、下為南方、左為西方、右為東方），另外也因水往下流，而火向上延燒的情性，所以採用此種方式來定方位。

　　以此方式定位後的左青龍，是位於東邊寅、卯、辰的宮位，而此一宮位屬木，而木為綠色植物，是代表青色且有生命，而辰又屬龍（十二地支代表十二生肖），所以稱之為青龍，且其是在我們所面對的圖表之左邊，因此稱之為左青龍。

　　而在其對面的右邊宮位，是為申、酉、戌，是代表秋天，而秋天則有肅殺之氣，同時西方也代表雲霧容易成形，而雲霧是為白色，因此白色也代表秋天的氣，一般之人都認為老虎會傷人，因此將秋天稱之秋老虎，而其又位於面對圖表之右邊，所以就稱之為右白虎。

　　朱雀代表紅色漂亮的鳥兒,同時當火然燒之時是延上,而且也是為紅色,又因為是位於上方南邊,為巳、午、未南方之宮位,因此言前朱雀,而玄武代表靠山的龜與來龍的蛇,他也就是山之氣,是位於圖表下方的北方,為亥、子、丑北方之宮位,因此言後玄武。

　　平常大家所說的左青龍、右白虎、前朱雀、後玄武,是只有座北朝南的座向才有此名稱,其他的方位座向都不能有此名稱,如座西向東就稱之為,左玄武,右朱雀、前青龍、後白虎;座南向北就為前玄武,後朱雀、右青龍、左白虎。所以一般人都誤會,認為座向的左就是青龍、右就是白虎。要知道青龍、白虎、朱雀、玄武,只是代表東、西、南、北的座向,因此須依座向言前、後、左、右的方位,而不可只依座向,就言左青龍、右白虎、前朱雀、後玄武。

二. 經營事業時房屋座向,如以座東朝西與座西朝東,何者為佳?

　　常言道座東朝西賺錢沒人知,但以老師個人觀點則是相反,因為座西向東,從西的角度,東是金剋木,是我剋者為財,所以座西朝東才是真正的賺錢沒人知。

如以政府機關或要員而言,選擇座向大都是座北朝南,其原因是因北屬水,而水代表暗,所以是座暗向明,此向他人看不到自己,但自己可以掌握他人行蹤,同時也代表只要往外,就會全力付出,即在外從事工作會全力以赴,但回到家裡就會休息,從歷代帝王皇宮座向就可竊知一二,因其座向大都為座北朝南,說卦傳第五章:「離也者,明也,萬物皆相見,南方之卦也;聖人南面而聽天下,嚮明而治,蓋取諸此也」。最大原因在於北方屬水,而水可以儲存溫度。以上所說座北朝南是最好的,只是針對八個方位而言,並無吉凶或個人喜好其他因素存在。

　　一個區域的政府機關,如位於該區的北方,且又座北朝南,如此就可以掌握全局,在所有的金、木、水、火、土五行當中,只有水可以永存,因為他可以儲存溫度,其他五行都有其生命周期,就如乾卦的元、亨、利、貞中,貞字所代表即是時間長短。如以台南市政府而言,若其位於北方則其掌控能力會更大,若區域政府機關,無法位於如上述的方位,則北邊比南邊好,西邊會比東邊好。

　　以上是針對可以選擇而言,若沒有辦法選擇,一切順其自然也不錯。

　　言座北朝南比較好是在言氣，而非另涉學派及其他因素存在，如居住、交易、營生等問題，一般而言在區域的東邊是屬木，是比較有文化的特質，因此東區大都是屬文化區，位於東區是比較有創業的心理，相反的在西方就比較有侵略性，因為西為白虎而虎就有侵犯的特性，所以座西的就比較會主動侵伐，座北是人不侵我，我不犯人，即不主動侵伐，雖然南邊也有此種特性，但其力道不強，且如果沒有文明的發展或熱情的執行力，會越來越沒落，而居於中區則比較與世無爭，也就是大家和平相處，且可積極配合，當然這些都是從個性而言，大家可以從台南市政府遷至西邊以後，就把大台南縣市合併而加以掌控，就可瞭解座向所帶來的特質與特性。

　　在堪輿的方位學與陰陽宅學等各種術數，都是透過陰陽符號變化而成，也都符合《易經》的陰陽之說與變化，只是因為每個人學習方式、方法、學理架構之心得不同，因此就有不同見解，導致最後形成了所謂的派別。

三. 納音五行架構推演方法

　　納音五行由來是因古代的學者，認為亡者的波不可受剋，當他的波受剋時，就沒有辦法把好的傳遞給

子孫，當然相對不好的也會因此受剋，也沒有辦法傳遞給子孫。所以納音是在言聲波，聲波是因撞擊而產生，而聲音的傳達就是一種波，所以對先人的波，必須做一個傳遞方式考慮，因此波是要傳遞給子孫，如剋到納音五行，就代表阻斷了此波，所以納音五行不可以剋。

以上就是納音五行生剋的應用，在傳統上的概念，而前人設這些音波當然有其邏輯，但如果僅瞭解這些邏輯而不知其用，如此對此套學術理論又有何用，故在瞭解其變化的方式外，更須知道他的作用與代表才是有意義。

上一講中已對納音五行在傳統架構，及吉凶與使用方式沒有關聯之下，就其與天干地支關係，做了部分演繹，當然其他的推演公式也很多，在此就不在一一的羅列說明，現就針對其生成來源，及如何訂五行屬性，做分析與說明。

一般納音五行推演，是來自於易經的生數、成數與老數（如附註一、易經繫辭上傳第九章天地生成之數），生數為1、2、3、4、5，而成數是6、7、8、9、10，這些都是平常卜卦推演的構成之數，但是很少人

會用及老數，其實納音五行，就是在強調老數與音波。

◎而何謂老數呢？

老數就是天干的五合，與地支六沖之數，及生成之數的奇數1、3、5、7、9，因此對納音五行推演，就可採用此兩種方式來推演。

第一個方法：是將干、支組合之數相加，再將相加之數減大衍之數（49），然後就所得餘數除以生成之數5（因5為生成之數倍數），再得餘數之後，配以五行水1、火2、木3、金4、土5之順生下一位，即是該組天干地支的納音五行。

第二個方法：是用《易經》生成之數奇數(老數)，其使用方式是以易經八卦納干、納支互換方式來配合，在此方式之中乾、坤兩卦不用，因此只用艮、兌、坎、離、震、巽等六卦納干納支，然後用天干與地支組合，互換之間差距數目，再配以由生成之數之老數（奇數），所架構而成的五行代表來推演（生成之數奇數(老數)五行代表：1為中央土、3為南方火、5為北方水、7為西方金、9東方木）。

有關納音五行推演方式：

（一）採用干、支組合之數相加方式：

此方式之中其公式，在天干五合之數分別為，甲己合為9、乙庚合為8、丙辛合為7、丁壬合為6、戊癸合為5。在地支六沖之數則為，子午沖為9、丑未沖為8、寅申沖為7、卯酉沖為6、辰戌沖為5、巳亥沖為4。（以上兩者都是由最高的奇數往下配數）。

舉例如下：

以甲子乙丑為例，依上項天干五合與地支六沖之數，甲為9、子為9、乙為8、丑為8，將此等之數相加為34（9+9+8+8=34），然後用此數減大衍之數49，即49-34=15所以得數為15，再將15減5倍數餘數為5（因生成之數為5的倍數，所以餘數須除以5，如遇整除代表餘數也為5）。

然後依河圖中的五行屬性來加以推演（河圖的五行屬性1、6為水同居於北，而2、7為火同居於南，3、8屬木同居於東，4、9屬金同居於西，5、0屬土相守在中央；以上也是依春為木、夏為火（火、土同氣）、秋為金、冬為水的四時順行排列）。上項所得餘數為5，而5是屬土，依公式其五行在土的下一位，而在五行順行排列上，土下一位為金，所以甲子乙丑

是屬金（海中金）。

再以丙午丁未為例，此組之數為丙 7+ 午 9+丁 6+未 8=30，再用大衍之數 49-30（丙午丁未相加之數）=19，餘數 19/5（生成之數 5 的倍數）餘 4，而 4 的五行為金，而金的下一位為水，所以丙午、丁未五行屬水（天河水）。

（二）採用生成之數奇（老數）方式

在納甲上是乾納甲壬、坤納乙癸，震納庚，坎納戊，艮納丙，巽納辛，離納己，兌納丁。

而在納支上震為長男，納支由初爻起為子、寅、辰、午、申、戌，所以震為子（震納支與乾納支相同），坎為中男納支為寅、辰、午、申、戌、子，所以坎為寅，艮為少男納支為辰、午、申、戌、子、寅，所以艮為辰。如此相對的巽長女納支在丑、亥、酉、未、巳、卯，而離中女納支在卯、丑、亥、酉、未、巳，兌為少女納支在巳、卯、丑、亥、酉、未。

所以震卦在子代表是庚，坎卦在寅代表是戊，艮卦在辰代表是丙，巽在丑代表是辛，離在卯代表是己，兌在巳代表丁，相對的在地支六沖中相對的地支

代表該卦之上卦，如子為震卦下卦，而午則為震卦上卦。在易卦原則上是將最小少男、少女（艮、兌）留在父母身邊，而長男、長女（震巽）則外放於外，而中男中女（坎、離）介於其中。

舉例如下：

以丙、午為例，求納音之五行，其中午是子之沖，是為子所代表之卦的上卦，所以與子相同，而子代表震卦，而震納庚，因此子午都代表為庚，因此由丙開始數天干之數到庚（丙、丁、戊、己、庚），兩者之數為5所以代表差距之數為5，然後配以老數(奇數)架構而成五行代表，老數1為中央土、3為南方火、5為北方水、7為西方金、9東方木，因此差距之數為5，是代表北方水，所以丙午屬水（丙午、丁未就為天河水）。

再以甲寅為例，寅也代表戊，由甲數到戊（甲乙丙丁戊）其差距也是5，再配以老數(奇數)架構而成五行代表，老數5也是代表北方水，所以是甲寅納音屬水（甲寅乙卯大溪水）。

若以乙未而言，未與丑同，而丑代表巽卦為辛，然後由乙數到辛（乙丙丁戊己庚辛）其差距為7，再

配以奇數架構而成五行代表，老數 7 為西方金，所以是乙未納音屬金（甲午乙未沙中金）。

以上就是用老數所求之納音五行方法，而此處之五行代表一種音波，所以才稱之為納音五行。

以上雖是納音五行公式推演法則，然而在個人認為，這只是在玩把戲而已，學這些公式推演五行，其實也無太大的意義，又浪費時間，最重要的是需要能夠使用其五行變化才是正途，所以還是將其六十甲子納音五行連名稱熟背，應用起來會更為順暢。

三、淺談文字的生機

在前一講言及生與死兩字所代表意涵，其中生字旁之一點代表生機，而刀刃的刃字其上之一點，是代表最鋒利之處，而玉字之一點，代表是一塊大石頭，只擷取這一點，所以是非常珍貴，也是精華的東西，水的三點水旁少了一點，就為冰字為結凍，所以姓名筆畫、名字與本身搭配再好，但在書寫過程的筆跡少了一畫，其意義就會有所不同，因此對運勢就會有所影響，如少一點就如結冰，而多一點就如腫瘤，所以姓名應寫清楚，可以讓人看得懂，若潦草讓人看不懂，代表此人心思雜亂，而四四方方，則是其所處環

境，是有菱有角都是刀煞，所以要知道文字是代表有生機與有生命。

　　再如澤山咸卦☱☶，上卦兌為口，下卦艮為高山為戌，當口入高山之戌，就成為咸，所以說所有文字，是透過這些形象而來，在易卦解釋上一些高智慧與高理想學者之中，是以咸卦字名來解釋，及以卦爻辭的文字意涵來解卦，並非以陰陽之象解卦名及卦爻辭，因為對《易經》卦如講理論，那自行購書研讀即可，不用再由老師教導，若要瞭解易卦以象解卦及應用之術，就非得下一番苦心不可，所以對《易經》學習是須前後左右旁通，千萬不可執著於任何一點。

附註：

一、易經繫辭上傳第九章天地生成之數：

　　天一地二，天三地四，天五地六，天七地八，天九地十。天數五，地數五，五位相得而各有合。天數二十有五，地數三十，凡天地之數，五十有五，此所以成變化，而行鬼神也。

　　大衍之數五十，其用四十有九。分而為二以象兩，掛一以象三，揲之以四以象四時，歸奇於扐以象閏。五歲再閏，故再扐而後掛。

乾之策，二百一十有六；坤之策，百四十有四，凡三百有六十，當期之日。二篇之策，萬有一千五百二十，當萬物之數也。是故，四營而成易，十有八變而成卦。八卦而小成，引而伸之，觸類而長之，天下之能事畢矣。顯道神德行，是故可與酬酢，可與祐神矣。子曰：「知變化之道者，其知神之所為乎。」

二、納音五行之意－摘自三命通會

三命通會為明朝萬民英所撰，此書共十二卷，前九卷分列了十天干，每天干以日為主，以月為核心，時為輔，定人吉凶，三卷載大量子平古歌賦，極具實際操作指導意義。其有兩大特點，一是總結八字推命八百年發展，去蕪存菁，使八字推命達到巔峰。其二是使八字推命能夠廣為流傳。

（一）總論納音

嘗觀《筆談》論六十甲子納音，本六十律，旋相為宮，法也。納音與《易》納甲同法：乾納甲、坤納癸，始於乾而終於坤。納音始於金，金，乾也，終於土，土，坤也。五行之中，惟有金鑄而為器，則音響彰，納音所以先金。

納音之法，同類娶妻，隔八生子，律呂相生之法

也。甲子，金之仲，同位娶乙丑，隔八下生壬申；金之孟壬申，同位娶癸酉，隔八上生庚辰；金之季庚辰，同位娶辛巳，隔八下生戊子。火之仲戊子，娶己丑，生丙申；火之孟丙申，娶丁酉，生甲辰；火之季甲辰，娶乙巳，生壬子。木之仲如是左行，至於丁巳，中呂之宮。五音一終，復自甲午金之仲，娶乙未，隔八生壬寅，一如甲子之法，終於癸亥。

自子至於巳為陽，故自黃鐘至於仲呂皆下生；自午至於亥為陰，故自林鐘至於應鐘皆上生。夫上下生者，正謂天氣下降，地氣上升。數之所合，變之所由出也。乾為天，坤為地，乾坤合而為泰；德為父，紅為母，德紅合而為東；干為君，支為臣，干支合而納音生。是故甲乙為君，子丑為臣，子丑甲乙合而為金。蓋五行之在天下，各有氣性，有材位，或相濟或相克，若成器未成器，旺中受絕，絕中受氣，惟相配而取之為不同耳。此金之數之所以難同而又有海中沙中之異。

（二）論納音取象

昔者，黃帝將甲子分輕重而配成六十，號曰花甲子，其花字誠為奧妙，聖人借意而喻之，不可著意執泥。夫自子至亥十二宮，各有金、木、水、火、土之

屬，始起於子為一陽，終於亥為六陰，其五行所屬金、木、水、火、土，在天為五星，於地為五岳，於德為五常，於人為五臟，其於命也為五行。是故甲子之屬乃應之於命，命則一世之事。故甲子納音象，聖人喻之，亦如人一世之事也。

何言乎？子丑二位，陰陽始孕，人在胞胎，物藏荄根，未有涯際；寅卯二位，陰陽漸闢，人漸生長，物以拆甲，群萌漸剖，如人將有立身也；辰巳二位，陰陽氣盛，物當華秀，如人三十、四十而有立身之地，始有進取之象；午未二位，陰陽彰露，物已成齊，人至五十、六十，富貴貧賤可知，凡百興衰可見；申酉二位，陰陽肅殺，物已收成，人已龜縮，各得其靜矣；戌亥二位，陰陽閉塞，物氣歸根，人當休息，各有歸著。詳此十有二位先後，六十甲子可以次第而曉。

甲子乙丑何以取象為海中之金？蓋氣在包藏，有名無形，猶人之在母腹也；壬寅癸卯絕地存金，氣尚柔弱，薄若繒縞，故曰金箔金；庚辰辛巳以金居火土之地，氣已發生，金尚在鑛，寄形生養之鄉，受西方之正色，乃曰白蠟金；甲午乙未則氣已成物，質自堅實，混於沙而別於沙，居於火而煉於火，乃曰沙中金也；壬申癸酉氣盛物極，當施收斂之功，穎脫鋒銳之

刃。蓋申酉金之正位，干值壬癸，金水淬礪，故取象劍鋒而金之功用極矣；至戌亥則金氣藏伏，形體已殘，鍛煉首飾，已成其狀，藏之閨閣，無所施為，而金之功用畢，故曰庚戌辛亥釵釧金。

壬子癸丑何以取象桑柘木？蓋氣居盤屈，形狀未伸，居於水地，蠶衰之月，桑柘受氣，取其時之生也；庚寅辛卯則氣已乘陽，得栽培之勢力其為狀也，奈居金下，凡金與霜素堅，木居下得其旺，歲寒後凋，取其性之堅也，故曰松柏木；戊辰己巳則氣不成量，物已及時，枝葉茂盛，鬱然成林，取其木之盛也，故曰大林木；壬午癸未，木至午而死，至未而墓，故楊柳盛夏葉凋，枝幹微弱，取其性之柔也，故曰楊柳木；庚申辛酉，五行屬金而納音屬木，以相克取之。蓋木性辛者，唯石榴木；申酉氣歸靜肅，物漸成實，木居金地，其味成辛，故曰石榴木；觀他木至午而死，惟此木至午而旺，取其性之偏也。戊戌己亥，氣歸藏伏，陰陽閉塞，木氣歸根，伏乎土中，故曰平地木也。

丙子丁丑何以取象澗下水？蓋氣未通濟，高段非水流之所，卑濕乃水就之鄉，由地中行，故曰澗下水；甲寅乙卯，氣出陽明，水勢恃源，東流滔注，其勢浸大，故曰大溪水；壬辰癸巳，勢極東南，氣傍離宮，

火明勢盛，水得歸庫，盈科後進，乃曰長流水也；丙午丁未，氣當升降，在高明火位，有水沛然作霖，以濟火中之水，惟天上乃有，故曰天河水；甲申乙酉，氣息安靜，子母同位，出而不窮，汲而不竭，乃曰井泉水；壬戌癸亥，天門之地，氣歸閉塞，水歷遍而不趨，勢歸乎寧謐之位，來之不窮，納之不溢，乃曰大海水也。

戊子己丑何以取象霹靂火？蓋氣在一陽，形居水位，水中之火，非神龍則無，故曰霹靂火；丙寅丁卯，氣漸發輝，因薪而顯，陰陽為冶，天地為爐，乃曰爐中火也；甲辰乙巳，氣形盛地，勢定高岡，傳明繼晦，子母相承，乃曰覆燈火也；戊午己未，氣過陽宮，重離相會，炳靈交光，發輝炎上，乃曰天上火也；丙申丁酉，氣息形藏，勢力韜光，龜縮兌位，力微體弱，明不及遠，乃曰山下火也；甲戌乙亥謂之山頭火者，山乃藏形，頭乃投光，內明外暗，隱而不顯，飛光投乾，歸於休息之中，故曰山頭火也。

庚子辛丑何以取象壁上土？氣居閉塞，物尚包藏，掩形遮體，內外不交，故曰壁上土；戊寅己卯，氣能成物，功以育物，發乎根荄，壯乎莖蕊，乃曰城頭土也；丙辰丁巳，氣以承陽，發生已過，成齊未來，

乃曰沙中土也;庚午辛未,氣當承形,物以路彰,有
形可質,有物可彰,乃曰路傍土也;戊申己酉,氣以
歸息,物當收斂,龜縮退閑,美而無事,乃曰大驛土
也;丙戌丁亥,氣成物府,事以美圓,陰陽歷遍,勢
得其間,乃曰屋上土也。

　　餘見路旁之土播殖百穀,午未之地,其盛夏長養
之時乎?大驛之土通達四方,申酉之地,其得朋利亨
之理乎?城頭之土取堤防之功,五公恃之,立國而衛
民也;壁上之土明粉飾之用,臣庶資之,爰居而爰處
也;沙中之土,土之最潤者也,土潤則生,故成齊未
來而有用;屋上之土,土之成功者也,成功者靜,故
止於一定而不遷。

　　蓋居五行之中,行負載之令,主養育之權,三才
五行皆不可失;處高下而得位,居四季而有功。金得
之鋒銳雄剛,火得之光明照耀,木得之英華越秀,水
得之濫波不泛,土得之稼穡愈豐。聚之不散,必能為
山,山者,高也;散之不聚,必能為地,地者,原也。
用之無窮,生之罔極,土之功用大矣哉!

五行取象，皆以對待而分陰陽，即始終而明變化。
如：

◎甲子乙丑對甲午乙未，海中沙中，水土之辨，陰陽之分也。

◎壬寅癸卯對壬申癸酉，金箔劍鋒，金木之辨，剛柔之別也。

◎庚辰辛巳對庚戌辛亥，白蠟釵釧，乾巽異方，形色各盡也。

◎壬子癸酉對壬午癸未，桑柘楊柳，一曲一柔，形質多別也。

◎庚寅辛卯對庚申辛酉，松柏石榴，一堅一辛，性味迥異也。

◎戊辰己巳對戊戌己亥，大林平地，一盛一衰，巽乾殊方也。

◎戊子己丑對戊午己未，霹靂天上，雷霆揮鞭，日月同照也。

◎丙寅丁卯對丙申丁酉，爐中山下，火盛木焚，金旺火滅也。

◎甲辰乙巳對甲戌乙亥，覆燈山頭，含光畏風，投光止艮也。

◎庚子辛丑對庚午辛未，壁上路傍，形分聚散，類別死生也。

◎戊寅己卯對戊申己酉，城頭大驛，東南西北，坤正位也。

◎丙辰丁巳對丙戌丁亥，沙中屋上，乾濕互用，變化始終也。

　　圓看方看，不外旺相死休；因近取遠，莫逃金木水火土。以干支而分配五行，論陰陽而大明終始。天成人力相兼，生旺死絕並類。嗚呼！六十甲子聖人不過借其象以明其理，而五行性情、材質、形色、功用無不曲盡而造化無餘蘊矣。

　　以上只是針對納音五行之意，簡要摘自三命通會，而對五行生剋與格局作用，則未予摘錄特此說明。

宇宙間的符號（易經三）第十二講（2016/05/25）

一. 問題與解說：

（一）丙丁與壬癸間，是否也有火水未濟與水火既濟
　　　現象。

　　丙丁與壬癸當然也有火水未濟卦 ䷾ 與水火既
濟卦 ䷾ 現象，因為癸遇丙、丁、巳、午時，其中丙、
丁分別代表太陽與溫度，癸水代表雨水與雲霧，而雨
水與雲霧除了會遮蔽太陽外，同時也會降低溫度，因
此就會有水滅火之象，而形成了癸滅丁，或是癸丁交
戰情形，在巳同樣也代表太陽，而午也為高溫，所以
兩者也相同的有此現象，另外因子水同於癸水，所以
當丙、丁、巳、午，遇到子水亦有此情性，因此有了
這些情性或現象出現，就含有火水未濟卦 ䷾ 的成
分。

　　但當壬水遇丙、丁、巳、午時，就沒有此種現象，
因壬水為地表之水，他可以儲存火的溫度，所以具有
水火既濟卦 ䷾ 現象，在 2016/05/11 第十講中，就
對火水未濟卦與水火既濟卦區別，言及不管其排列組
合，是癸遇丙、丁、巳、午，或丙、丁、巳、午遇癸，
都稱之為未濟，同樣壬遇丙、丁、巳、午或丙、丁、
巳、午遇壬，也不管其排列組合，都稱之為既濟，由

此可瞭解其區分是在壬水與癸水，而非丙、丁、巳、午。

　　壬的情性是為地表之水（大湖水），由於太陽能量讓其產生溫度，因而聚集能量與磁場，因壬水來自於地表故代表低，而癸水是從天而降之水，是來自於天故代表高，因此兩者代表了天地之義，癸水由來是經太陽光熱之蒸發而產生，所以癸水是有火的能量在驅動。

　　譬如納音五行中，丙午、丁未謂之天河水，如只針對丙午、丁未而言，是火與土並未有水，其之所以有水，是透過了丙午丁未的高溫，將地表之水蒸發至天空而成，所以稱之天河水，所以癸水是透過溫度而來，在壬水則不代表溫度，因他是癸水下後，降聚集而產生的。

　　另外壬水亦可代表先天，因為壬水是來自先天的1、6 共宗水，他原是沒有溫度與能量，而且是隱藏於地底之下，1、6 所代表是己土與附其上之木，所以此水代表地底下的能量，因此才說1、6 共宗水是先天的水；當先天的之水受2、7 同道火的普照，產生水循環，而孕育花草樹木。水受火的能量產生蒸

氣，往上飄升至天空，形成後天之水的癸水，當癸水降下聚集又成壬水，由後天回復到了先天，所以此二者是不斷的在先後天中循環變化，此一過程也如母親腹內的嬰兒，他透過臍帶吸收母體養份以成長，一但出生剪斷臍帶，開始透過自己本能呼吸、吸收養份就成為後天，當成長之後又藉由修練與學習，從靜態功夫中想返回先天之意是相同的。

　　因此先後天可以用壬癸水來表示其形態，所以在後天的癸水，就能把火的光明與溫度減掉，因此只有癸水才有火水未濟卦 ䷊ 現象，而壬水是把溫度儲存，將太陽變大，且為丁壬合是為丙壬交輝，所以壬水是為水火既濟卦 ䷾ ，如此也才能言水火不相射，此不相射也是代表了，二者是為一高一低，所以水火二者是不相剋的，然而傳統五行所認為的水火相剋，其實只是在言癸與丙、午、丁、巳的關係而已，因為壬水遇到丙、巳、丁、午都是水火既濟；另外既濟也代表二者是可以溶合，而未濟則是沒有辦法溶合。

　　在傳統也有從特性上來解釋，言火向上炎燒而水往低處流，二者沒有交集，因此才稱之為火水未濟，若水在上，而火在下，就稱之為水火既濟，其實這是研究者個人見解不同，但在我們研究學術上，是以壬

癸代表先後天來說明，因為以先後天的主體關係來觀察，是比較趨進於大自然原貌。

（二）用時空卦或契機法，推論代理日本酵素是否可行？

　　既然採用契機法，就直接以白板上的卦象推論，即用壬、癸與丙、丁、巳、午關係來推演，酵素也可用水火代表，因是水透過火蒸發所以有發酵象，大家對未知的事物都會有不確定感，我們所能見到的是壬遇丙、丁、巳、午，但見不到的是來自於後天的癸，即看不到人為的因素，壬代表來自於先天是為水火既濟卦▦▦，故代表產品是沒有問題，癸代表後天是為火水未濟卦▦▦，表示後天的人為因素就有變數，整個象代表產品很好沒有問題，但那只是代理者所認知而已，並非大眾都有如此認知，而後天象又有水滅火情形，所以有產品好，但沒有人使用困境，即行銷通路是被阻塞的，因此說代理此酵素是有風險，故最好還是不要代理。

　　再以當下時空來推論，現是 106 年 5 月 25 日 9 時 32 分，換為天干、地支，分別是丙申年、癸巳月、丁未日、乙巳時、己卯分。

分　時　日　月　年
己　乙　丁　癸　丙
卯　巳　未　巳　申

　　在此組天干、地支中，月柱天干的癸水代表來源、丁為藥效，而乙為使用者，在相互關係中顯示使用的人，感覺上都是很認同的（乙旁分別有巳、癸），且來源是沒有問題，但因乙木由原本凸顯，而進入土下之木（由時柱乙巳，進入分柱的己卯），代表業務沒有辦法擴展，故只有周遭親朋好友在使用，業務量沒有辦法擴大，因為只有周遭之人認為好用，而其他大眾並不知，故銷售數量上是不足的，故言其有一定風險。

　　在原來的代理商可能搭配它物品，做為共同通路所以可以平衡，但新人要代理單一物品，其通路就很不容易經營，雖然說藥物本性是有效的，但他只是原代理商提出的，真實情形為何，社會大眾都不得而知，此一卦象是由凸顯，轉而進入土下，代表只有私下買賣，是沒有辦法大量擴展，故還是不代理為佳，此象雖有通根表徵，但因是癸水的水火交戰，所以己卯非通根，而是成為隱藏於己土之下，如干支由己卯的透干，變成乙巳那就沒有問題，因為木形於外，就

可風行天下,所以風地觀卦▆▆▆▆與地風升卦▆▆▆▆是不同的,地風升卦是準備要萌芽,然當前現象是木雖已萌芽,但又要回復重新再來一次,如此就會有不同。

若是前為己卯然後出現木,如此才是地風升卦▆▆▆▆的象,地風升代表有生命,雖有生命但並不代表,一定就能破土而出,因為要破土而出,尚必須要有其它助力,但現象確是氣由有變成沒有,也就是由乙巳成己卯,又他是由癸而成乙巳,因此也有癸丁交戰情形(癸丁交戰在藥物代表有效,但論人事則是不好,所以某一干支組合,用在某種事物,就會有不同解釋及結果),代表藥物是有效的,在日本是有流行的,但他確是沒有被推廣。

這裡不用日主丁未,而用時柱乙巳闡釋,是因要先有藥效,然後再言代理推廣,若先從丁與癸而言,是為癸丁交戰,代表藥物是有效,二者為對沖所以是互成陰陽,而對沖代表陰陽彼此在互動,如同有生命,又丁下有未代表在加溫,所以丁的藥效是沒有問題,而癸水是來自於天,代表發行新產物是可行的,雖然是可行但轉變成人事使用則是不佳(癸丁交戰論人事則是不好的),當要再進一步推廣時,是由乙變成了地下的卯(己卯,如為癸卯那就沒有問題)。

　　所以說非藥的問題，而是推廣的問題，因要賺錢就必須量大，然整個象是好的東西，隱藏在地底之下，代表好的東西確是沒有人瞭解與使用，雖然卯旁有巳但力道不足，所以是很少人在用，如此代理進來後，而使用的人少，最後藥物過期，如此就無法賺到錢，此象也代表不管任何人代理都是如此，因為最後落點是在己卯。

　　經由契機法與當下時空，都符合藥物是沒有問題，只是在推廣上是有狀況的。所以非時機不對，如有名人代言，或媒廣告或許能有所展現，而打開了整個通路。

（三）家族龐大各種生肖都有，為避免與先人塔位沖煞，應如何處理？

　　家族龐大如有沖煞情形，應先擇血緣較近者避之，因為血緣較近者，比較有直接影響，若真的無法避免，第一以先命為主，其次以子孫為輔，然後選擇入塔之日，不要沖煞先命或子孫，要瞭解所謂的沖煞，其實只是一種儀式，因所謂的沖煞是否就是真的沖煞，那只是前人研究心得上認定而已，所以才說只是一種儀式。

譬如請十位風水地理師，擇時辰看方位，此十人看法必定都不同，因此到底要聽從何者呢？當然從反向思考而言，代表此十人所擇日期時間，都是可以使用的，因此只要自己認為是吉，那就是吉，故只要符合自己需求即是好的，唯一考量的是家族間都要沒有意見，若當一切的本命、生肖、五行之刑、沖都沒有辦法避免時，那就可一切順其自然，保持心情輕鬆愉快最為重要。

（四）化糞池是在屋前好還是屋後為佳？

一般而言化糞池埋於土地之下，其煞氣（廢氣）是已化去，且在地底之下是見不到的，因此在屋前或屋後，並沒有什麼關係，所考量的是在往後清洗，因置於屋前比較好清洗，在屋後則是不易為之，所考量最重要的是，讓自己感覺輕鬆愉快最重要，在房屋格局優先考量應以動線最重要。唯一要注重的是浴室，因為浴室是為財庫。

但在傳統上言廚房為財庫或其客廳的對角線為其財庫，其實是不對的，此地方是言位的，另外說進門對角線是財庫，其實是財露白，所以也是不對的，因此浴室須大一點，如太小不通風又有味道，代表田園家宅都是不值錢，反之將其裝璜亮麗，代表田園家宅

都是值錢。

　　若浴室不通風，最好全天將燈開著，如此可去除辛金，避免開門時就吸收到辛金之氣，而影響身體健康或導致久病不癒，另外浴室之門不要朝門，如有用布廉將其隔開即可，只要有不太中意的物品，都可以用布簾或其他物品將其遮蔽，另外如房屋有沖煞而要用替身，原則上須用外來的物品，不可以本身已有的來用。

　　譬如遇到外在環境的形煞時，要用寅木擋煞，不可因本身有寅木就可以，因為不能以自己身體安全去換，所以替身是要往外求，而非由自身取得，如種樹木為之時，當樹木枯萎就可再更換，而如以自己為之，那如何再更換。

二、納音五行歌訣意涵

　　由掌訣推演知曉納音五行之五行並無意義，應是瞭解其來由與代表意義及如何使用較為重要，所以把整個歌訣意涵瞭解，並知如何使用才是最佳，因此最好把六十甲子納音歌訣背熟。

　　譬如甲子、乙丑海中金，是來自於壬戌、癸亥大

海水，也就是由海的能量聚集而成，當海水聚集至丑時才形成結晶體，所以說是透過大海水，才聚集而成結晶物，也如同掉在海裏果核，脫胎換骨，因此稱之為海中的金，其意代表甲木長生在亥，在亥時甲木重新破土而出，所以說甲子乙丑海中金。

甲子在《易經》六十四卦中是為雷水解卦▤▤，而乙丑為風山漸卦▤▤，風山漸卦是代表慢慢疊積而成，所以說乙丑之人是為風山漸卦▤▤，代表他可以在寒冬慢慢成長，就如梅花、靈芝形成如海中之金，然後再透過丙寅、丁卯爐中火，萃取了甲子、乙丑的精華，而丙寅又為火雷噬嗑卦▤▤，到了丁卯成為火風鼎卦▤▤，有了鼎就代表在提煉東西，即在提煉海中的金，因此其組合架構，雖與其五行有些不同，所以說要把一些，原本的含意瞭解，才是真正的有意義。

又如戊辰、己巳為大林木，而戊戌、己亥為平地木，兩者同屬木，其差異性為何?而甲子、乙丑是海中金，但甲午乙未且為砂中金，他們的差別在何處，邏輯又在於何處？

要知道甲午、乙未的前身，是壬辰、癸巳長流水，其水是源遠流長，而水流之中就有砂土，而砂土之中

會產生有價值東西，所有說砂中金來自於壬辰、癸巳長流水，而海中金是來自於壬戌、癸亥大海水，才稱之為海中金，說以說這些五行的成立，都是有其前身存在的意涵。

　　在甲午、乙未砂中金，所代表是雷火豐卦䷶與風地觀卦䷓，代表提煉了砂中金之後，可以快速豐盛，而且也有樹木茂盛之時，也會聚集產生結晶體的果實，而戊辰、己巳之大林木，是來自於山有能量有養分，當山有能量與養分時，就可造就樹木可以繁衍成整片山林，而戊辰、己巳（太陽）都是在高處，也因為戊在辰有正五的能量（萬年曆 23 頁十二長生表），戊在巳有正六的能量，因此可以造就整片山林，因此才稱之為大林木，所以當看見大林木時，一定有足夠戊土，做為為根基並供應能量與養分。

　　但是到了戊戌、己亥平地木時，是因為山已沒有能量，因為戊戌（高山）、己亥（坎水為先天坤土）形成山地剝卦䷖，是為一高一低，是高山不見了，而成為了平地，而甲木又長生在亥，因此稱之為平地木，由就瞭解戊戌、己亥，是因土的能量不足，因此只能是平地木，而平地木也是甲己合，是期待土的出現，因此代表根基不穩固。

再從己亥的角度他暗藏了壬甲,而甲有甲己合代表是在平地,因此根基就會不穩固,所以才說是平地木,三命通會的論述,比較朝向干、支之術理,雖也有大自然間的關係,但我們所研究的學術,就比較著重於當前社會的生活及大自然的情性關係,因為時空背景不同,因此就須以當前模式,來理解推演納音五行。

　　納音五行最後分別為,庚申、辛酉石榴木,壬戌、癸亥大海水,在石榴木果實是一粒粒的,在我們學術中辛酉代表成熟果實,而庚申為未成熟果實,故八字中有辛酉又有甲,那辛酉就代表成熟果實,所以庚申、辛酉是言果實由生進入成熟,如果成熟後不採收就會回歸大海,所以到了壬戌、癸亥就為大海水。

　　而甲寅、乙卯大溪水,其來由是甲、寅、乙卯木能茂盛,一定是成長在高山或其邊緣之處,既然有茂盛的甲寅,因此會聚集雲霧釋放水資源,因此就形成了大溪之水,壬辰、癸巳長流水是源源不絕之水,甲寅、乙卯大溪水,也是在強調甲寅、乙卯的根基穩固,是成長在高山之處,所以才能見到茂盛的樹林,故當見到甲寅、乙卯木,代表是有足夠根基(土)與陽光(火)水份(水)。

故不可只單獨從甲寅、乙卯論，因為如此只有木那來大溪水，在納音五行是強調五行具足，故見到了象須進入內部瞭解真意，不能只見其表而已。納音五行是將整個架構，確立於六十甲子之中，即每個架構都有一個五行含意的存在。

在1、6共宗水，2、7同道火，都是在言先天的能量，1、6共宗水原是不源天日的液體，完全沒有能量，因此水是有病菌，如果不經陽光是沒有辦法殺菌並產生生機，所以2、7才成為同道火，當火出現後水就可儲存溫度能量，就變成了有生命，所以才言丁壬合，期待木的出現，因為有1、6共宗水與2、7同道火後，當然就會期待木的出現，如此也才會具足3、8為朋木。

所以木是水火聚集的生物與生命的延續，當有了木之後最後還是在祈求豐收，所以4、9是期待豐富的金，即是利益的收成，因此東為播種，西則是利益的收成，到了最後一切回歸大自然，即是5、0的同途土，因此木火土金水，即在言先天的能量，所以在五行來源銓敘上與一般不同，是因他是在言先天，而現在我們所用的天干、地支五行，則是在言後天，所以每一事物形態樣貌，都是透過先天、後天的循環來

表現。

　　所謂的先天是為陰，是看不到、是不瞭解未知的一切事物，到了後天就變成了是陽的呈現，就如教室未上課時是暗的為先天的陰，當上課時同學逐一進入，就為光亮為後天的陽，所以所有的東西，是在銓敘先天後天的相互循環，而回歸到最源頭，就是在言陰陽的一切變化。

三、乾卦各爻解析（乾卦卦辭：元亨，利貞。）

（一）初九：潛龍，勿用。

　　　象傳：潛龍勿用，陽在下也。

　　易經每一卦裡都是在宇宙的 360 度圓周之內（如附註一圖表），而每一爻是在形成宇宙 360 度的圓周，《易經》乾卦逆行而坤卦順行，所以從乾卦初爻潛龍勿用，即可說明附註圖表的內容，既乾卦六爻含蓋 360 度，就是乾卦逆佈的六爻。

　　乾卦初爻言「潛龍，勿用」，而勿用非其沒有能力不能用，而是代表時機尚未到，乾卦的六爻就有四爻以龍為代表，龍仍代表有能力、有實力之人，而在初爻階段，是太陽下山之時（戌乾亥），就如象傳所言潛龍勿用，陽在下也。字面解釋是陽爻在最下，所

以稱之為陽在下也，但在我們所研究的學理，是因其位於戌乾亥為太陽下山之處，是代表時機未至因此須穩藏自己能量。

附註一圖表：
宇宙 360 度圓周及 24 山各山位置圖

　　如果想要表現亥就會破壞丙巳，而乾又在戌之下是太陽被收藏，故有天山遯卦 ䷠ 之象，且戌也為高山之地，會讓水快速向下流失，所以強自出頭就容易遭受折損，另外亥代表水，且亥也是為暗，而水是為隱伏，當己土遇到水時為地水師卦 ䷆，因此是有暗

中佈局之意,所以在未到時機之時就須暗中佈局,在此階段所等待時機,是在等待太陽再重新升起,另外此方位之中的水只要不輕易表現,把實力先隱藏,是不會破壞太陽,反而是在吸收儲存太陽的能量,所以在此階段須默默學習,慢慢的累積自己的能量與實力,在能量與實力聚集後就能脫穎而出,所以初爻是在穩藏實力疊積能量。

(四)九二:見龍在田,利見大人。
象傳:見龍在田,德施普也。

此處何以用「田」字與「利見大人」,是因為本身代表丁火。丁己長生在酉所以此處剛好符合「現龍在田」,而此「田」就是代表己土,而「利見大人」之大人是代表丁,在現實環境中就是必須跟對人,即找有實力的人來依靠,如此未來的格局就會不同,故此處的利見大人與九五爻的利見大人是不同的,九五爻的利見大人,是代表要有好的部屬且須要照顧好部屬,選對部屬賦予任務、責任分工、時承六龍以御天,才能現羣無首吉。

而九二爻是指要跟對人抓對時機,因此位是處於果實未成熟與成熟之期,所以只要跟對人,那他就能助自己一臂之力,讓自己可以快速脫穎而出,初爻是

為等待隱藏之期，二爻是自己該表現之時，所以粉墨登場就須全力的表現，若再有所懷疑機會就會消失，所以九二爻在詮釋時機已到，應全力表現就該全力為之，即把自己在初爻所蓄積的能量好好的發揮，如此就可受到重用與重視，所以象傳言：「見龍在田，德施普也」，也就是丁火的能量能夠普照大地，即丁、己長生在酉之意。

而在納音五行言庚申、辛酉石榴木，就代表是成熟果實，所以納音五行在金之時就用木來詮釋，庚申、辛酉在五行屬金，但納音五行用木，所以說是金中有木木中有金，在納音五行的概念中可以說，大都是違背了一般的五行觀念，其是因為金的能量來自於木，所以庚申、辛酉是來自於石榴木，因為有木才能結成果實。

所以此處應掌握時機好好的表現，因只要好好的表現，就有豐收的果實，此宮位也是乾卦元、亨、利、貞的「利」字。即有好的表現就會有好的收成，也就是掌握對的時機，如此即有小象傳的「見龍在田德施普也」。

（三）九三：君子終日乾乾，夕惕若，厲，无咎。
　　　　象傳：終日乾乾，反復道也。

何以言終日乾乾，因為此宮位代表後天的離火，而後天離火為先天之乾，故此宮位有二個乾卦，是後天的火加先天的乾位，因此有天火同人 ☰☲ 與火天大有 ☲☰ 之意，即火與乾是同屬性，因此才有君子終日乾乾之象。

在納音五行中有丙午、丁未天河水，是言火的能量高溫會把水蒸發，如此就會失去水的能量（水代表智慧、思緒、情緒、儲存的溫度能量），所以須時時警惕，每日反思（終日）自己所做所為是否正確，所以只要每日反醒自己行事，縱使有些過錯但還是无咎，故說「夕惕若，厲，无咎」，所以在小象傳言「終日乾乾，反復道也」。

此處是火旺之位，因此會將水蒸發飄往天空，在水氣到達某一程度之後，水又會從天而降，導致溫度又會降低，所以水火兩者，是一直的在反覆循環，即水火的能量在相互交替，代表每日是在自我反醒，因此才說是「終日乾乾，反復道也」。

由納音五行將丙午、丁未，稱之為天河水，就可瞭解其也是結合了卦爻辭，故納音五行是有其意義，只是一般人並不知其用而已。所以乾乾是在講先後天

的乾卦與離卦。

有堪輿書籍曾言，「乾山乾向水流乾，乾峰出狀元」，表示如有先人葬於此處，且符合其格局，後輩子孫就可以出狀元。而此意涵是在言，先天之乾與後天之乾位，及先天之艮與後天之艮的三角方位，因為先天之乾在南方，而乾之後天在西北，先天的艮卦為後天的乾卦，而在東北方向又是後天艮卦，所以其是在言此三個宮位，整個而言是言先後天乾卦與艮卦的應用。

（四）九四：或躍、在淵，无咎。
　　象傳：或躍，在淵，進无咎也。

在一般《易經》的書籍之中，或躍在淵中間是沒有標點符號，此處是老師個人加註上去的，因為乾卦逆行是向辰、巽、巳、丙、午、丁進行，而辰是代表水庫為深淵，當本身疊積具足的能量時是為離火，當有了機會如能躍過辰庫，即可一鳴驚人，而成為九五的飛龍在天，丙巳可進入到九五，若沒有辦法一躍而過，則是落入辰庫的深淵，這就是要達到丙巳的過程，而巽是依附在辰，因此巽有遮蔽陷井的草木之意，故只要能一躍而過就是一鳴驚人，沒有躍過落入辰庫即是在淵，因此就予以加了標點符號，目的即在

於此,也就是有可能如此,但也有可能是那樣,如此也符合天地360度的圓周之象。

　　然而如果沒有躍過深淵,並不代表就是沒有機會,而是要重新的等待或尋找機會,因為深淵已接近了離火,接近了乙、卯機會還是很大,所以此次失去了機會,還可以等待下次的機會來臨,只要有機會出現,時機還是屬於自己,所以是否為成功的或躍,或是落入辰庫的在淵,只要試著再往前進,那都是沒有過錯的,如果都不嘗試那就會有咎,而嘗試了不管成敗為何都是无咎的,因為縱然是失敗了,也可獲取寶貴經驗,所以象傳言「或躍,在淵,進无咎也」,所以不進者有咎也。

(五)九五:飛龍在天,利見大人。
象傳:飛龍在天,大人造也。

　　此處是進入了東方木的宮位,何以是為飛龍在天,其原因是長生仍代表升起、開始,所以當由西北方乾金,一路而行至東方木時,表示對於過去的事務都瞭如指掌,因此乾卦若為順行,那就有面對未知一切現象,如此就會有不安的氛圍,且越近尾端所面臨是太陽下山情形,且丁的能量也沒有丙的能量大,因太陽(丙)是主載萬物,是一國之君,在易卦為君位

的九五爻。

在九三爻言君子終日乾乾，是因火代表忙碌之象，若一國之君太過忙碌，久而久之心也跟著亡了，而眼睛也會跟著盲了，所以為君者需冷靜且也須有仁慈之心，並制做規章來治理國家（木代表仁與規章制度），而非透過武力（西方的辛酉庚申為金而金代表武力），所以丙是剛剛開始，且已有豐富的經歷，因此可以透過經驗治理國家，這就是乾卦逆行落於東方的原因。

說卦傳第三章：數往者順，知來者逆，是故易，逆數也。因為逆行才能有過往的經驗，也就是要成為國家元首，或公司主政者必須要有豐富的經歷，才能瞭解運作上的知識與模式，至此代表全般瞭解過往知識，因此稱之為「飛龍在天」，至於「利見大人」，在九五中述及要好好的照顧子民、培訓好好的幹部，任用賢臣，駕馭六龍，責任分工，才能「見羣龍無首，吉」。

一般傳統解釋認為九五爻一動（陽爻變陰爻），就成為火的能量，所以利見大人之大人在於此火，但透過現在解釋就知「大人」，原來是代表火的丙，此火是要來育木是火來生木，代表丙火是要訶護子民，並

兼及地球上的所有生物,所以象傳才言「飛龍在天,大人造也」,也就是太陽可以普照大地,讓地球上的萬物得到生機與發展。

一、宇宙的 360 度圓周表,只有乾坤二卦才完全符合此一邏輯,因乾坤二卦是製造萬物,雖言乾坤生六子,嚴格來說他也是生了六十二子,亦即除了乾坤二卦之外的六十二卦,所以只有乾坤二卦繞著天地走一圈,所以其他六十二卦就不一定符合此一邏輯,而是照著各卦的軌道運行,當然也都有順逆的邏輯分布。

由乾卦的象傳:大哉乾元,萬物資始,乃統天。雲行雨施,品物流形。大明始終,六位時成,時乘六龍以御天。乾道變化,各正性命,保合太和,乃利貞。首出庶物,萬國咸寧。是在言乾卦的順行。而六爻之位是言乾卦的逆行。

二、我們用八天干、十二地支與乾艮坤巽四卦,組成的 360 度之屬性,將易卦原本的爻辭加以詮釋,此解釋目的在儘量符合易卦原本的思維,而此思維也只是我們所推理的,因為我們也無從了解其原本思維為何?所以僅能說儘量的趨近於其原貌,及所要詮釋的大自然中的原理與

邏輯，就如原本易卦並無標點符號，其目的也是在讓後代之人，可以依自己心得研究來體會，做符號的標點。

在《易經》繫辭上傳第五章：「一陰一陽之謂道，繼之者善也，成之者性也。仁者見之謂之仁，知者見之謂之知。百姓日用而不知，故君子之道鮮矣。」，以及第十二章子曰：「書不盡言，言不盡意。然則聖人之意，其不可見乎。」，子曰：「聖人立象以盡意，設卦以盡情偽，繫辭以盡其言，變而通之以盡利，鼓之舞之以盡神。」實可做為最佳的註解。

宇宙間的符號(易經三)第十三講(2016/06/01)

◎乾卦上九

爻辭：上九，亢龍有悔。

象傳：亢龍有悔，盈不可久也。

乾卦上九的亢龍有悔，在 360^0 中的宮位上，是在東北北及北方之位，乾卦初九是由後天西北方乾卦之位開始，如此上九爻剛好接續著初九爻的潛龍勿用，在上九爻言亢龍有悔，是因上九爻是已退位，也就是乾遇高山的艮，而成為天山遯卦☰☶，而此處天山遯卦☰☶與戌乾亥位的天山遯卦☰☶是不同的，在戌乾亥位的天山遯卦，因戌中還有丁的能量與溫度，因此可以慢慢的疊積能量，準備或躍、在淵，但在子癸丑乾卦上九東北北及北方宮位的天山遯卦代表已退位，如不退持續而進，就會成為天水訟卦☰☵，很容易就有牢獄之災。

所以亢龍有悔的背後，就是天水訟卦☰☵的牢獄之災，即該退則退，不可在言於公，因此象傳言：亢龍有悔，盈不可久也。到了此一宮位也有水剋火情形，所以說盈不可久也，古德曾言持盈保泰，就是代表要保住木火的能量，即保住生機之意，泰字代表地天泰☷☰，是為寅木的能量，所以持盈是代表在保護

火的能量，而此火的能量是，來自於第四爻與第五爻，因此過了四、五二爻能量就會衰退，因此就必須加以守持；在亢龍有悔而言，是代表木火的能量不見了，所以說退位之後，應如流水般好好遊玩，而不要在言於公，否則水入丑，就會很快的被凍結，也就水進入的宮位，很快的就會被凍結，如被凍結也代表人生結束了。

　　另外上九爻也是連接了坤卦的初爻，所以他是與坤卦的初爻重疊，坤卦初爻：「履霜，堅冰至」。象傳：「履霜堅冰，陰始凝也」。因此代表此處為陰，到丑時就成凝聚結冰之象，因此乾卦的上九爻與坤卦的初六爻相似，故到了此處必須謙卑低調，否則就會有牢獄之災，及被凍結而結束之象。如果能夠守住木火的能量，就如進入乾卦的初爻，可以重新的再走一回，唯到到此年華已老力已不從心，所以還是好好遊玩，才不會進入冰天雪地的凍結之位。

一、　　問題與解說：

（一）　定存外幣到期欲將之轉存台幣，不知當前是否為最佳時機，乃以天干牌卡占卜問之，占抽牌卜第一張為2，底下圖騰鑽石，第二張為6底下大樹，試問其意為何？

有關牌卡使用以前已有所講述,但圖騰部分未作詳情說明,因此先將圖騰所代表意義加以解釋,目前使用的天干牌卡型態除有號碼外,在牌卡底下也有圖騰,在牌卡中圖騰所代表意義如下:

　　大樹為春天,太陽為夏天、鑽石為秋天、水缸則是冬天,但也代表收藏,同時這些圖騰也分別代表春、夏、秋、冬四季,以牌卡占卜的初學者,對於那些圖騰可以不用考慮,當完全瞭解牌卡運用模式後,再加入圖騰所代表義涵做綜合判論,因為圖騰只是在凸顯該張牌卡的能量,所以說可以先不用考慮。現就以所問問題來加以說明。

　　抽卡原則上第一張代表主體,也就是代表當下匯率情形,而第二張則為結果論,即現在轉存是否是最佳時機,結果抽到第一張數字為2,牌卡底下為鑽石(申、酉、戌),因此此張卡在天干為乙木,地支則為酉金(代表乙酉),第二張為6底下大樹(寅、卯、辰),如此此張卡在天干為己土,地支為卯木(己卯),為組成天干地支一柱,因此2鑽石與6大樹組合就成為乙酉、己卯。

　　地支寅、卯、辰均代表大樹,地支申、酉、戌均

代表鑽石，但因為要組成一柱，所以必須取決其上的天干，在六甲旬空中，只有己卯，並無己寅、己辰之柱，所以其組成之柱，不可能是己寅、己辰，除非是戊土才有戊辰、戊寅，但所抽第二張是 6 是己土，故不可能為戊辰、戊寅，如所抽的是 1 的甲木，就可能有甲寅、甲辰情形，如上述所抽為 2 為乙木，故就無甲寅、甲辰之象。

　　第一張牌卡為乙木與酉金，代表乙木在秋天結果之時，會受到酉金的氣流所損，因此所結的果實會受損，也就是代表當下的感覺，是沒有利潤利息可言，而且也是一直在貶值之中，因此要拋售也沒有辦法賣到好的價格，接著第二張牌落點（結果）為卯，卯是乙的祿位，代表急著賣是賣不到好的價格，如果稍為停留讓他修護，就可慢慢恢復生機，即現在暫時不要拋售，日後是可以恢復好的價錢，至於須存放多久，因明年為丁酉年，仍有酉金的氣流存在，因此還是沒有辦法賣到好的價格，雖如此但可以選擇明年春天，因為春天之氣，樹木生長較旺盛，因此價格會比較好一點，所以說可在丁酉年的壬寅月、甲辰月或癸卯月拋售。

　　由上述推演論判，現在還是續存，讓其滋息就

好，等到明年春天壬寅月、癸卯月、甲辰月修護後，
價錢有所提升再賣會比較好，若以今年而言，以現在
的癸巳月為其價格高點，所以要賣就須現在賣，過了
本月價格就會再下滑，就只有等明年春天或過了丁酉
年。

（二）一年當中哪些日子，是祭祀祖先重要日子？

　　一般而言只要是民俗日子，諸如除夕、清明節、
端午節、中秋節，以及祖先的忌日，都是祭祀祖先的
重要日子，其中端午節是陽能量最旺的時候，而酉月
的中秋節月圓（望月），則是陰氣最容易聚集時候，
此時也是祖先最有感應的時間；另外若要前往安奉塔
位祭祀，就不要選擇在酉時，原則上以早上為之，也
就是在陽時。

（三）遷新居應何時祭祀地基主，有無禁忌？

　　搬新居時原則在三日內祭祀地基主，但超過三日
也無妨，只要在祭祀時說明即可，在平時如果時間允
許，原則每月祭拜一次最佳（可固定在某一天酉時，
諸如農曆初一或十五），因除地基主外還有地基婆，
所以祭祀時須放雙份飯菜、筷子、杯子，然後擺放於
小矮桌上，面對屋內較陰暗的地方，如牆角或柱子角
落，（其與拜門口是不同的，拜門口是用桌子擺貢品

且朝門外,如為公寓大樓可在陽台的落地窗前朝外祭祀),祭祀時間最好是在酉時,因丁長生在酉,代表此時祭祀,他們比較能大膽放心享用,如在申時祭祀則享用上會比較恐慌,祭祀貢品以熱的菜飯為主,如此在祭祀完成後,飯菜也可作為當天晚餐使用,如有所祈求就當成朋友或家人般訴求即可。

何以說祭祀在酉時較佳,因酉為丁的長生且是辛的祿位,如要在早上祭祀就用卯時(5 至 7 時),祭祀完成時間最好不要超過巳時,因為在午、未、申此三個時辰陽氣旺,辛金比較沒有辦法聚集(辛金代表陰氣)。

(四)用天干或地支牌卡占卜,做為判論推斷事務,如此牌卡組卦方式在主客體排列,是否有固定方式?

譬如酉、辰為例,若以酉為主體,當酉遇辰,因辰為高山,因此辰能讓酉聚集,代表辰能讓酉產生穩定的感覺,因此當酉遇辰就會有感應,因此二者稱之為咸(一般辛遇丑也有此象),所組成之卦就為澤山咸卦☱☶。

然酉、辰組成卦象除澤山咸卦☱☶外,同時也存有山澤損卦☶☱的現象,其原因仍視卜卦者,所問事

項來為何而定,因為卦有本卦、之卦、錯卦、互卦、序卦、綜卦、內外交易卦、歸魂卦、遊魂等等變化;所以用卦象推論事物,須從多面角度來做判論,所以說澤山咸卦☱☶與山澤損卦☶☱現象是同時存在的,故當占卜出一組牌卡組合,雖有上下主客位的排列,但應從多方面來論判。

譬如日為辰,而月為酉(日柱是代表自己,月柱則代表長輩父母),辰本身代表先天的兌卦(辰本身也有高山的象,因有高山才能組成辰庫),而酉代表後天的兌卦(酉位於西方,為先天坎卦,後天的兌卦),從日辰而言剛開始,辰會釋放水資源給酉(因辰也代表高山,可聚集雲霧保護酉金),此象代表當兒子的是很孝順,願意付出時間金錢給父母長輩,因此父母長輩就會感覺很窩心,因此就會有一種穩定的感覺。

兒子孝順父母長輩,當然就必須有所付出,因此在辰土角度上,感覺是有些受損,所以就有山澤損卦☶☱的現象,但站在酉金的角度,其會有窩心感應,所以表現出來的是澤山咸卦☱☶情形,當其感受到子女孝心,就會把所有的積蓄送給兒子(此處因有辰庫大於酉庫現象,這就是酉庫會被吸引原因,因此其象

代表兌卦（酉）的水，最後也會流入辰庫），所以最後所顯示的，酉也是在損，但酉的損是心甘情願的。

經由上述情形可以知道，辰土與酉金二者是無時無刻的在互換。因此在論斷事務時，要以何種方式組成卦象，完全看占卜時的時間，或所要提問事項為何而定。

（五）房屋隔間牆因地震位移，在重新整修時應注意何事？

房屋因地震而整修不用擇日，乃因天災所致。前為木材材質，而現要改用磚塊，雖然與原材料不同亦無問題，至於使用磚塊時其高度為何，只要自己感覺合用就可以了，如果決定使用五塊磚塊高度，如此剛好是為戊土，代表阻隔之意，所以是可以的，其餘則無其他禁忌。

二、由占卜角度看辰、酉兩者所代表屬性？

以卜卦而論如抽出第一張牌為辰，就將辰當為上卦為主體，抽出第二張為酉，就將酉當為下卦，為對應關係，如此就形成山澤損卦䷨，但是要瞭解此處辰所代表的高山，與戌所代表的高山，兩者意義是不同的，辰山是陽體陰用，而戌山是陽體陽用，在辰山

他含有兌的情性,辰的高山是能聚集水資源,然後加以收藏提供辰庫所用,在酉而言為先天坎卦,因此會有氾濫成災情形,因此須透過後天的酉,加以歸納收藏及導引。

所以辰與酉所代表的兌卦,兩者的屬性與情性是不同的,以時間而言辰代表的兌卦,是花草樹木蓬勃而生,而酉所代表兌,則是木走到了尾聲即將開花結果,因此在辰時是為樹木旺盛的生長之期,而酉是為利益收割之期,也是樹木不再生長之時,所以辰代表開創之時,而酉則為利益收成之期,所以說二者屬性是完全不同。

辰酉的組合於易卦中是互為澤山咸卦與山澤損卦的組合,在地支六合之中,辰酉是期待金的出現,但此處本身已有酉金,所以八字有辰酉的人,代表本身已俱足,即想要得到的東西他就會有,就是會有心想事成情形,因此就不會再與人有所爭求,當他與人不爭時,他人反而會給予留下機會(辰、酉皆代表沼澤或水庫,而水最後都會入庫,故說最後都會給予留下機會),所以凡事都會感到很滿足,另外辰、酉季節溫度也是很平順,因此代表他不喜歡忙碌的工作,但對身體健康則是很重視,所以在八字當中,不

論辰酉位於那一柱，都是很好的組合。

三、從購置土地角度，論丑、未兩者所代表屬性。

曾有同學在購買土地之時占卜，所占到卦象為丑、未，其個人認為丑未為沖，所以有財庫被破壞情形，因此可能導致財產會不見了；然而實際上並無此情形，因為土地買進來，如沒有再賣出去，那一定是成為資產，如此對個人而言，就會產生二種不同見解，其一認為買了不賣，好像錢沒有在流通，有財產被凍結情形；另外一種是買了不賣，而成為自己資產，然後每天欣賞把玩，其樂無窮，故在感受上端看自己用什麼角度來面對。

由上例而言也代表其所買東西，有可能是價格不佳故不想再賣，因此並非是金錢不流通，當由未變成丑時，是代表被凍結不流通，如此也代表所買土地變成資產，而如由丑變成未就成為流通，所以兩者在狀況上所代表的是，一為傻傻的買，一是聰明的賣，但在事情的最後評估上，傻傻買的人是比較有穩定感，而聰明賣的人最後財產都不見了。因此說不要看到沖就害怕，他只不過是代表事項的變化而已，而此事項代表何種結果，就看個人對事項是如何操控了。

四、乾卦象傳意義

乾卦象傳據傳為孔子所作，其內容為：「**大哉乾元，萬物資始，乃統天。雲行雨施，品物流形。大明始終，六位時成，時乘六龍以御天。乾道變化，各正性命，保合太和，乃利貞。首出庶物，萬國咸寧。**」。

象傳中的乾道變化，各正性命，是在言東南方及巽卦，也就是乾道變化是由巽卦開始，代表乾道是由姤卦開始變化，大哉乾元，是在言天地定位，整個乾卦的象傳，是針對卦辭元、亨、利、貞四德，重新做一個解釋。

在前一講已就乾卦六爻之位，及與 360 度宮位中交叉關係，分別一一的加以說明。

首先乾卦初爻起自先天之艮☶、後天之乾☰，是因艮能將太陽（天）收藏，所以以此宮位為開始，也就是象傳的「大哉乾元，萬物資始，乃統天」；同時也代表乾卦初爻潛龍勿用，接著為「雲行雨施，品物流形」，以八卦而言雲行雨施，「雲」為兌卦，而「行」代表離卦，「雨」為水為坎，而「施」則為震卦；在品物流形，「品」代表巽卦，而「物」為坤，「流」為乾卦，「形」則是艮卦。

　　所以象傳中的每一個文字，也是交叉於八卦及周天 360 度之中，以「雲行雨施，品物流形」而言，是為後天坎卦北方水的宮位，在此把此宮位轉換為八卦，雲為兌卦，而行為離卦，兌卦透過了火的能量變成雨水，當雨水下降於地就能施以木，如此震木、巽木得水，就能快速成長，因此稱之「雲行雨施」。所以此宮位是包含了坎卦與坤卦，而坎、坤兩卦又透過了乾、離二卦而產生變化，因此才稱之為「乾坤定位」，但彼此間仍是一直的在交姤變化。

　　在「品物流形」中，「品」位置為後天的巽卦為先天兌宮位，而巽代表乙木或卯木，也是 12 生肖中的兔子（卯木），而狡兔有三窟，所以是代表當雨水降下施木，巽木就會隨著季節而變化，如此「品」代表了是隨季節變化流通，而乙木透過了物（坤土）就能快速成長，即乙木在己土之上可以快速成長，接著透過庚金的流行之氣傳播（庚也為乾所以是透過乾卦的力量傳播），而「形」也可代表「型」字，是為物象之義，代表艮卦的圖形形態，因此「雲行雨施，品物流形」，是這八個字在強調這八卦的流通交媾的一切變化之特性。

　　戌與亥同樣是收藏了太陽，如此代表戌與亥兩者是可以統天，因此回教國家是以亥（生肖為豬）為天

為主宰,而我們是以丙為天,而丙遯於戌,所以說戌、亥統了天,由上述中知曉「雲行雨施、品物流形」在言後天北方水之宮位。

接著的「大明終始」則是後天艮卦,為先天震☳之宮位,因為艮卦是成始成終(說卦傳:艮、東北之卦也。萬物之所成終而所成始也。故曰:成言乎艮。)所以此一宮位是大明(火)的終與始,同時火也是長生於寅,故丑位為大明終點,而寅則是其開始,即太陽在此下沈隨後又再度升起,所以大明終始是在言丙火的長生在寅。

再而「六位時成,時乘六龍以御天」,是在陳述生命(木)在成長,是位在後天震卦之東方的宮位,「六位時成」:在不同的階段成就了不同的人、事、物。「時乘六龍以御天」,前一講中言九五爻飛龍在天,利見大人,君王掌控了一切,為了治理好一切,責任分工,由乾坤所生之六子(六龍),掌管不同部門,如此九五爻就能在高點(飛龍在天),看清此各個部門的管理模式,此就是「時乘六龍以御天」。

因此「六位時成」是代表六爻的位置,也就是處於何時何處,就扮演該時該處的角色,不要逾越本身

角色，如初九之位就須潛龍勿用，如鋒芒太露就會有
過，到了退位的上九爻，相同亦應守本份，對於國家
大事亦不要隨便置喙，因退位之時，又回到了後天未
濟的宮位，即北方坎卦的宮位，其象就有乾卦而行坎
之意，故如言國家大事或公事，就有言於公的天水訟
卦之象，所以六位時成代表在每一個階段要扮演好自
己的角色，當扮演好自己的角色，九五爻就可垂衣裳
而天下治，就可成為一個好的君王，就能時乘六龍以
御天。

　　然後為「各正性命」，此仍言離、坎之關係，也
就是水資源與火的能量，在 360 度之中此位為後天巽
卦東南方之宮位，此一宮位具備了坎的水資源，與巳
所代表的太陽能量，此宮位之水如無太陽的能量，水
就會滋生病菌，是為無法飲用的骯髒之水，代表了生
命、智慧、根基就很容易流失，所以水須搭配火的能
量，然而在此宮位之中，天都給予搭配完成妥當，也
就是此宮位有樹木在生長，同時也有火的能量，因此
才能形成為先天兌後天巽的宮位，如此各正性命之
義，是代表有了水火，大自然萬物就能透過自己的本
能來延續生命成長。

　　然後依續為後天南方離卦之位，此位是言乾與離

的關係,也就是有了水火,生命就可以穩定成長,續之的「保合太和,乃利貞」。因此在「保合太和」之中,就代表有了火的能量,即在所有的能量都必須有火,因為有了火的能量木就能成長,所以「和」字代表兌卦與巽卦的關係,因有了火的能量,樹木就能成長與收成(巽與兌的和),而當大家豐衣足食後,就能和平相處,故言「保合太和,乃利貞」,利於固守穩定貞藏。

繼之「首出庶物」,是言後天西南方坤卦之位,因坤為眾,代表天地間的事務,而「萬國咸寧」,是言酉與戌的關係,酉代表兌卦而兌為口,而口與戌組合成為咸。而寧是兌納丁,因此萬國咸寧,是言後天西方兌卦與戌的關係。所以整體而言是當太陽顯現時,萬物就可以獲得生長,因此就有良好的收成,有了良好的收成,大家就可以過安和樂利的生活,所以說象傳是在詮釋「元亨利貞」。經由上述可以瞭解,象傳是將乾卦卦辭,「元亨利貞」所代表的春夏秋冬,用不一樣的角度,再加以詮釋其涵義。

五、論天風姤卦之歸魂卦

天風姤卦☰☴是由乾卦☰☰初爻變化而來,論卦變及其意義,代表乾卦☰☰的變化是從姤卦☰☴開

始。乾卦初爻一變為天風姤卦䷫，如此乾卦稱為天風姤卦的本卦，而初爻變動後的姤卦，稱之為乾之姤，所以說乾道變化是由巽位開始，也就是說卦傳所說：「帝出乎震，而齊乎巽」，既然乾道的變化由初爻開始，如此剛好是從巽卦位開始，代表乾卦的變化是由巽卦開始的。

　　天風姤卦䷫是由乾卦初爻變而來，所以稱之為乾之姤，隨著姤卦而變化的各卦，就代表是姤卦的過程，即透過這些過程來完成姤卦所代表意義，姤卦的錯卦為地雷復卦䷗，而上下交易卦為風天小畜卦䷈，綜卦為澤天夬卦䷪，而其序卦為第四十五卦的萃卦䷬，中互卦為乾卦，而因姤卦是由乾卦而來，所以此處所用歸魂卦，是以乾卦歸魂卦火天大有卦䷍。

　　在前第七講中曾說明，在傳統歸魂卦形成過程，是由八純卦的第五爻變而形成，因此只有八宮的八純卦，才有言及歸魂卦其他各卦則無，如此代表只有八純卦，才有最終精神歸宿，而其他的卦則窘境，以老師自己研究心得思考，認為此邏輯方法所形成歸魂卦，在易經中其餘的五十六卦，每一卦也應該是第五爻一變，就是該卦的歸魂卦，也就是該卦的最終精神

歸宿。

　　以天風姤卦☰☴而論，是庚金與乙木的關係，從庚的角度乙為財，且上卦為乾代表陽，而下卦巽卦代表陰，因此上乾卦為男下巽卦為女，而財也代表感情因此就有姤象（雜卦傳言姤遇也），以前也曾說明不變之卦為主體，而變化之卦為客體，所以當上卦四、五、六爻有變化，就須將上卦變為下卦（客體），而不變的下卦就成為上卦（主體），由此可知只要該卦的第五爻一變，就成為該卦的最終精神歸宿，因此天風姤卦之歸魂卦應是火風鼎卦，而非本卦乾卦的火天大有卦☲☰。

　　即火風鼎卦☲☴才是姤卦的最終精神歸宿，依此邏輯則易經六十四卦，每一卦都有其最終精神歸宿，如此在整體易卦邏輯，才是比較正確的，經由此推論歸魂卦與遊魂卦，在易經六十四卦中每卦都有，而非僅有八宮卦才有。易卦的每一卦都有其錯綜互雜關係，所以在推論上，不應該回歸到其所屬原來本宮卦的歸魂卦或遊魂卦做論判。

　　以火天大有卦☲☰而言是乾卦的本質，乾卦之所以要普照大地，是要讓全天下之人都能擁有所有，而

天風姤卦 ䷫ 的本質，應該是火風鼎卦 ䷱ 的頂替取新，才能稱之為姤卦，也就姤卦最終結果，就是要革命頂替取代。再來姤卦之象是以陰的巽卦牽絆乾卦的陽，也就是一陰配五陽（一個乙木配了庚申金），在八字邏輯上是為官煞混雜，在天干言乙庚合，因此姤是代表感情利益。所以姤卦的歸魂卦應該是火風鼎卦 ䷱，因為也只有火風鼎卦 ䷱ 才有此現象。

　　火風鼎 ䷱ 卦而言是丁火與乙木（4 與 2）的組合，如果是丙火與乙木（3 與 2）的組合，就成為風火家人卦 ䷤，因為太陽的能量能讓乙木蓬勃而生，所以是為丙火，只有丁火的溫度才會讓乙木受傷，在納音五行中亦言丙寅丁卯爐中火，因此鼎卦就有傳承發生問題，而必須有人取新頂替；離代表丙、丁，離坎二卦並不分陰陽，而巽為陰代表乙木或卯木，因此是丁卯才是火風鼎卦 ䷱，而丁卯就是 4 與 2 的組合，因此在天干數字中是 4 與 2 的組合，而在風火家人 ䷤ 卦，是丙火的能量，讓乙木蓬勃而生，如此顯現的是家庭和樂溫馨而穩定，所以 3 與 2 的組合為風火家人 ䷤ 卦。

　　4(丁)與 2(乙)及 3(丙)與 2(乙)二組數字，也剛好符合天干與地支數字。在這裡是因為乙木喜歡丙火

而不喜歡丁火，因此在解釋上才會有倒置情形。所以才有納音五行的甲子乙丑海中金，來自於壬戌癸亥大海水，然後再透過丙寅丁卯爐中火的鼎來萃取與提煉，這也就是六十甲子納音五行，針對易卦解釋特別涵蘊。

　　當然上述都是透過反推方法來加以論判，譬如要跳樓自殺者，一再的等候救護人員來鋪陳，代表此人並不想自殺，又如提問是否會離婚，代表此人並不想離婚，若女孩子願意支付離婚膳養費，代表此女人已另結新歡，想盡速結束當前婚姻關係，因其所支出膳養費除因本身有經濟能力外，可能是由新歡之處獲得，這也是透過各種面向的道理反推而所得。

六、姤卦所代表變化義涵

　　天風姤卦 ䷫ 本身雖有其大象辭，但此處直接以其象來解釋，如卜到姤卦時，天風姤卦 ䷫ 就是代表結果論，但他也是透過上述的那些過程，才能完成他的結果，即得到最終的精神歸宿，其何以會形成姤卦，可從其本身的影子，即另外的一個陰面看，也就是由錯卦來看，姤卦錯卦為地雷復卦 ䷗，代表他想重新開始重新定位，姤卦在六十四代表女姤（女壯）。

　　以周易當時背景，及上所述姤卦的最終精神歸宿，姤卦所指者可為商紂之妲己，在妲己而言她是要毀滅商紂，並想重新開始取而代之，然而其想重新開始時，必須先有小畜的能量聚集，如此才能完成最終的結果，但在這個過程當中，也會有所牽絆，所以須換一個角度思考，即從綜卦角度看，綜卦為夬卦代表庚金會去除辛金，他很可能被取而代之，有了此一情形所以才會形成姤卦，而姤卦的序卦為萃卦，序卦是代表未來之意，因此萃卦是代表姤卦的未來。

　　由以上可知所有的卦象，並非是單一的，而是可以透過不同的需要，做不同的方法、工具，做不同的轉化，且可上下易位，而上下易位就是代表了事情的過程，且社會背景不同，對《易經》變化與使用也須有一些調整，才能因應時代變化與需要。

宇宙間的符號(易經三)第十四講 (2016/06/08)

問題與解說:

(一)　因車禍而成植物人已近三年,其家人為其卜卦,得天風姤卦☰☴,述問此卦的涵義為何?如近期尚不至於亡故,可否至廟宇祈求讓其早日解脫。

　　天風姤卦意為女姤(有女壯之意),因此代表此人尚存在,雖然已成為植物人,但其生命力還是存在,由卦象言是因乙木(巽卦)有庚金(乾卦)代表尚有生命存在,所以還不會那麼快死亡,除非有酉的出現,才會引動卯酉相沖,而造成卯的生命結束,所以其亡故時間最快,出現在丁酉年,最有可能的是丁酉年己酉月。

　　此卦如卜男命,則生命可能已在丙申年結束,但因所卜為女命,而姤意為女姤,代表生命氣息尚存,如若要至廟宇祈求讓其早日解脫,可至天公廟祭祀,向上天祈求因不忍見其受此折磨,盼能讓其早日康復,如無法復原康復,是否可以讓其早日解脫,以走完人生最後一里路。

　　言丁酉年己酉月會解脫,是因天風姤卦卦象,為

乙庚合，本身為庚金，而庚金合乙木，是在期待酉金
出現，雖本年也有酉金但是尚不能計入，所以才說要
到酉年的金，此也有代表丙由寅的長生到酉為死，當
然此處解脫代表兩種情形，其一如母親懷孕胎兒脫離
母體獨立自主，即身體康復回復以往，其二為果實成
熟脫離母體，代表此段生命結束，是生命歸空走完最
後一里路。

　　此所問為生命解脫，因此才以此方式論判，所以
當前須看其身體狀況，若整個身整都已萎縮，就是代
表乙木在凋零，如此在丁酉年（己酉月）生命就會結
束，若肌肉都還很正常，只是呈植物人現象，那就可
能有奇蹟出現。

（二）　以當下丙申年、甲午月、辛酉日、癸巳時之
　　　　八字，論說是否可以申請到獎學金？

時　日　月　年
癸　辛　甲　丙
巳　酉　午　申

　　依上述八字組合，可直接用日主與月干的關係解
說，在納音五行之中論述，有所謂的庚申辛酉石榴
木，代表辛酉最期待的是木的出現，即明示當有庚申

辛酉的關係時，只要再有木的形成（因為木也代表為日柱辛金的財星），就會有甜美的果實（石榴木），而在此組八字之中，本身剛好有木的形成（月干的甲），所以說是會有甜美的果實，表示能夠申請得到獎學金。

或許大家會覺得，何以只有說明日主與月干的對應關係而已，而其它的干支組合沒有講解，原因在於同學不是問完了自己的事項再問此一問題，假如是問完了自己問題再問，那就必須以我生方式來解答，也就是用辛（日干）與癸（時干）關係來說明，此處是直接問小孩的事，因此日主就代表小孩子，故落點就直接用辛酉，而因辛酉兩者皆可同時代表小孩，因此表示競爭者有二位以上。

誠如同學所言小孩學校系所要推薦 10 位，那代表他是排在第位 8（辛的數字為 8，而酉為 10），另外其他的干支對應關係，為何不用說明，要知道當事者只有問其孩子，是否可以申請到獎學金。若要進一步說明當然也可以，如月支的午及時支的巳火是辛、酉的官星，而官星代表審查、制度，當透過了審查最後落點為甲寅，也是代表可以通過審查，一般而言數字越多，代表事情更為復雜，在論斷上先用兩個數字

來對應就可以了，若只有單獨辛（8）遇甲（1），就可單純論述只要小孩送件，就可申請到獎學金。

(三)本日無法自然生產也要剖腹生產，試問何時辰為佳？

從現在開始的癸巳、甲午、乙未、丙申等時辰，對於辛酉（日主）都是比較有壓力，所以用稍晚的戊戌時甲寅分較佳（19時20至29分），因為辛酉必須仰賴戊戌，如此也代表是澤山咸卦䷞，若在丁酉時則競爭者會比較多，至於今天（辛酉日）是否為最佳日主，當然所有的事件還是須要其他事項來搭配，不可單一而論。

二、是否只有八純卦才有歸魂卦

在第十三講中針對歸魂卦與遊魂卦論述，是依據八純卦變化而成歸魂卦與遊魂卦方式，引伸其他五十六卦是否也可依此方式的對應法則，形成該卦的歸魂卦與遊魂卦，這是分別從傳統角度及老師個人研究心得，從邏輯上加以比照論述，因此同學認為如針對生命方面卜卦，對生命方面解釋從原來傳統八純卦，才有歸魂卦與遊魂卦現象（八宮卦才各有一個歸魂卦與遊魂卦，所以六十四卦中，只有八個歸魂卦與遊魂卦），變成每卦都各有自己歸魂卦與遊魂卦，因此在生命解

319

釋上,其危險性就有增加的情形。

　　就老師個人研究心得,事實應沒有此一情形,因為其應用均須視當下情形而定,因為歸魂卦與遊魂卦二者,除在生命上有其一定意義外,在其他事項並非就是凶象,就以身體與生命現象,也不一定就在此二卦之中,因此二者也只佔一卦的八分之二而已。以時間而論一個卦何時會動到第五爻,如每一爻代表一個月,表示在第五個月才會動到第五爻,即到第五個月才會變成歸魂卦,當然時間認定須依所問事項做依據。

　　所以卜問有關生命問題時,表示在第五個月時,生命上就會有轉折,如上項問生命何時會結束,結果卜到天風姤卦,如單純用卦象時間而言,到了第五個月剛好為歸魂卦,因此代表在第五個月生命就會有危險,這是以每爻為一個月來推論這個事項,此種說明只是一種比喻性概說,所以才與上述問題解說不同,上述問題是用乙卯對應關係來論判,才說待辛金或酉金出現時,生命才會結束或可能有奇蹟出現。

　　但同學或許又會問,那何以不用本年的丁酉月(農曆八月),要知道時間長短認定,是要依所問問題而定,剛剛同學所提出問題,老師認為此人成為植

物人已有二、三年之久，他既然可以安度如此長久，因此其生命不可能那麼快就結束，所以以年來定其沖剋時間，因此才說是酉年酉月，要知道這些使用方式，都只是一種工具。如果用卦的理論來反推，卜問生命問題才會有，在第五個月其生命就歸空現象，若不是卜問生命事項，當然就沒有此項問題存在，另外在時間對應關係，是由解卦者依問題與實際狀況來設定，所以在時間論述上，必須依所問事項而定。

　　如問聘請員工，那其應期是要用年或月、日？當然須用日或月來論，如時間要一年才聘請得到員工，那企業或公司早就不復存在了，若是尋找房屋那就有可能是月或年；上述問題是問生命何時會結束，因此就考量病人生病時間，是已有多久及其當前生命狀況，而提出其沖剋可能時間，所以用姤卦上下卦組合論判，言其到丁酉年己酉月結束。

　　所以問生命何時會結束，卜到天風姤卦☰☴而論，依卦的理論是在第五爻動生命就歸空，也就是在第五個月生命就會結束；若只是問身體健康問題，只是代表在那個月份身體會有一種變化而已，而不會論說是其生命歸空結束，如其本身身體狀況已很不好，那當然就另當別論。

至於八純卦才有或《易經》六十四卦，每卦都有歸魂卦與遊魂卦，其實兩者機率是相同的。在歸魂卦解說，我們稱之為最終精神歸宿，所以只有每一卦都有歸魂卦與遊魂卦，才代表每一卦都有他的最終精神歸宿，而不必回歸到原來的本宮之卦。以天風姤卦 ䷫ 歸魂卦為火風鼎卦 ䷱ 而言，在天風姤卦 ䷫ 是乙庚合，當庚金遇乙木是為財星，而財星代表感情，而感情亦可以代表是太太，故其最終精神歸宿，是希望結婚生子以便有人頂替傳承。因此天風姤卦 ䷫ 歸魂卦應是火風鼎卦 ䷱ ，才是符合《易經》邏輯。

三、簡說八字論判

　　一般的初學者聽到八字就認為艱澀難懂，而且如要解說更是不知從何開始，有如丈二金鋼摸不著頭之嘆，其實八字的論判解說，並沒有想像中的那麼困難，所先要瞭解八字是由年月日時的干支組成，目前八字的論斷推理用法都是以日為主即所謂的日主，也就是用日代表自己、主體（代表所要問的事項），當要論述或解說時其切入方法，是以主體來對應周邊的天干與地支，即用彼此交叉的關係來釋示，因此很多事情有可能都是同時在進行，如此就是所謂八字的解說。

　　就以現在的時間為例，此時干支分別為丙申年、

甲午月、辛酉日、癸巳時。

　　首先可以就日主天干，與年、月、時之間天干關係解說論述，即辛與甲（月干），辛與丙（年干），辛與癸（時干），其次可就月干與年、時之間彼此關係說明，如甲（月干）與丙（年干），甲（月干）與癸（時干），接著為年干（丙）與時干（癸），然後再將地支，也如同天干間關係加以解說，最後再將四柱丙申、甲午、辛酉、癸巳等各柱彼此間，產生的現象與關係加以解說，如解說時不熟，除可參考老師所著八字解說書籍外，亦可參考所熟知的用書加以解釋說明。

　　上述就是八字論判解說概要方式，唯會認為比較難解地方，是沖合通關與遙近順序排列影響。譬如八字為子午沖而其中間出現寅支，一眼就知是合來解沖，也是通關的水生木、木生火，但當排列為午子寅之遙合時，是否也有合來解沖與通關之意，如以傳統的八字解說就會非常的復雜，但採我們所研究的學術就非常的簡單，只要有這個象不管其排列組合為何，都有沖剋及合來解沖與通關關係，因為人生的吉凶禍福，都是同時在進行的，重要是在應用上如何向提問人說明而已，所以說若想要更深入的論述與解說，那就非熟讀相關書籍及經驗的累積所能達到。

宇宙間的符號(易經三)第十五講(2016/06/15)

一. 問題與解說:

(一) 下列五個日期時辰中,何日是甲寅年戊辰生者,選購車輛最佳時辰?原因何在?

在傳統擇日都是以生年為主,且重點侷限在本命年(生年),與所擇之日期時辰之間,避免沖剋為主,即不要有子午、丑未、寅申、卯酉、辰戌、巳亥等沖剋及三煞現象,即所擇之日期、時辰,不要沖剋到本命之年,另外在擇日之時,因年與月是屬大環境因素,在掌控上是比較困難,因此在擇日上比較不考慮年與月令。

依上述所說原則將以下五個時辰詳加分析,試看何日是甲寅年、戊辰日生者,選購車輛的最佳日期與時辰。

1. 丙申年、丙申月、辛酉日、丁酉時:

此時辰是申金與酉金太旺(申、酉為金),雖然本身有戊辰,可以化解金太旺的現象,但從甲寅角度,金太旺就會產生壓力。假如要擇用此一日期,在時辰上必須改為壬辰時(早上 7 到 9 時)或癸巳時(早上 9 時至 11 時),也就是不要用丁酉時及其他時辰,如

此就會比較好一點，以此五日而言，時間點尚非最好
時辰。

2.丙申年、丙申月、戊辰日、辛酉時：

　　如上述擇日的原則，是用購買者本命年（生年），
與所擇之日期時辰之間，避免沖剋為主的架構，在現
象上所擇之日戊辰日是可以配合甲寅年生的人，然而
雖年、月較少參考，但丙申年與丙申月兩者，對於本
命年為甲寅者，還是有極大的壓力存在，故雖可配合
但只是勉強可用，如尚有其他期日可為之挑選，那當
然就另當別論。

3.丙申年、丁酉月、辛酉日、丁酉時：

　　干支由丙申年然後丁酉月，是代表有氣在化進，
是為化進神，因此其氣很旺（化進神之義代表干支由
前順序而進，如丙丁戊己庚辛順勢而行），但當由辛
酉日到丁酉時，就形成了化退（與化進神順序而進方
式相反者稱之），代表有重新再來之意，因此就有所
不宜，而且此時辰為一申金三酉金，因此金也是太
旺，如此對甲寅也會產生壓力，故此一時辰不宜，可
不用再論。

4. 丙申年、丁酉月、乙卯日、乙酉時：

　　此時辰之干支也是由丙申轉為丁酉，同樣是氣化進是化進神其氣旺，雖然由酉變成卯是沒有問題，但當由卯再變成酉時則是有問題，而且當乙卯日遇到酉月與酉時來剋，就會有金木交戰情形，當有了金木交戰，代表本身的卯木會遭受傷害，故本時辰亦有所不宜。

5. 丙申年、丁酉月、甲寅日、戊辰時：

　　此時辰干支也是由丙申變成丁酉，同樣是氣化進是化進神其氣也很旺，另外化進神的力量，會大於相同的伏吟（天干或地支本身變，乃與原來天干地支相同者謂之伏吟，如丙申化丙申、寅化寅），此象有果實由未成熟變成成熟，而且這些果實有甲寅可以依附，代表甲寅是可以承載責任壓力，且也可以承接貴人之氣（官星代表貴人及責任、壓力），另外甲寅也喜歡丁酉與戊辰，而且購置者本命年為甲寅年的戊辰日，把他轉變成甲寅日的戊辰時，代表當其駕駛此輛車時，是非常的順利，而且也可以得到，其所要追求的能量，故除了可當代步工具外，也能增加良好人際關係並得到貴人。

　　以上面的五個日期與時辰而言，雖然將丙申年、

丙申月、辛酉日、丁酉時，之丁酉時調整為壬辰時或
癸巳時是可以使用，但如與丙申年、丁酉月、甲寅日、
戊辰時相比，則是後者時辰比前者較佳，而且兩者期
程也只有相距九日，因此在事情因應上，也可減少不
必要困擾，故原則上還是以後者，甲寅日的戊辰時為
最佳日期。

　　如是選擇丙申年、丁酉月、甲寅日、戊辰時，作
為選購車輛之日，當新車要駛離購買場所時，可以從
辰方而出（東南方），當然也可由西邊的生門駛離，
因此一時辰分別有申子辰煞南，巳酉丑煞東，寅午戌
煞北，而因辰酉是合為一氣，他們是先後天兌卦，所
以說可由辰方而出，即東南方向駛離，如有所在意也
可由西邊方向（西方）駛離。

（二）擇日可否選在農曆七月

　　在擇日選擇傳統上是不喜歡選在農曆七月是因
為民俗之觀念為鬼月，但實際上擇選農曆七月也是沒
有問題，其實此時期反而是大家最有時間的時刻，而
且餐廳也大打折扣，所以只要有合適的日子，農曆七
月也是可以並無忌諱所在。

（三）結婚婚課以何方為主？

在傳統上合婚日課，大部分是以女方為主，因男方大約只有五、六條神煞，只要是在避開三煞與沖、刑，而女方則有百餘條神煞須避開，因老師個人較喜歡採用大自然的定律，故與傳統通書擇日方式不同，尤期現在大家都喜歡挑例假日或星期六日，因此男女雙方之間相關因素限制又多，唯恐對當事人有所誤解，故有時會採用擲筊方式來決定（在神明或祖先牌位之前為之），當然此種方式也會引起很多的誤解，其實擇日只是一種儀式，所以此種方式，也是在避免當事人，及擇日者困擾方法。

二、夫妻納骨塔位置放的原則

在 2015/09/30 第五講中曾述及，如靈骨塔位為夫妻合位，若男主人先往生進塔，須先置於面對的左邊妻子之位，在放手幾秒後，再重新移置於面對的右邊本位，反之則是先置於夫位，然後再移置妻位，其用意表示位置已「填實」，代表不會將尚在陽世之人招來做伴。

另外方位丈量也應在塔位之前，而非整棟塔樓建築門前，因骨灰是置於建築物之內而非塔外，故其所受影響也是在塔位之處磁場，所以如認為坐向很重

要，就必須在受干擾後的方位上來丈量，如此才會是真正的磁場之所在。

　　就如以前實行，夏令日光節約時間，遇有此時間出生之人，在傳統上排八字、斗數之時，都會轉回原來時間，但老師個人認為不用，因為大家共同使用時間，就是當下時間，也就是一種天意，所以說不必再轉回原來時間來推論。

三、擇日上的原則

　　在以上五個日期與時辰中，那一個比較符合自己所需，也就是在選擇日期上，必須符合甲寅、戊辰之所需，選擇丙申年、丁酉月、甲寅日、戊辰時最大目的，是代表當其駕駛此輛車時，不但非常合適且其能量很強，另外從申變成酉，也代表貴氣是在提升，而且甲寅日在戊辰時，又有穩定的根基，如此甲寅日的戊辰時，也變成了甲寅年的戊辰日，其能量是重復不斷的在引動，是為有能量的伏位（比肩）。

　　因此可以提升其人際關係，而且甲寅也喜歡丁酉，當由丙申變成丁酉時，代表申的氣是在慢慢的轉化，是從銳利的角度變成一種貴氣，因為申是代表未經提煉的金，而酉則是經過轉化提煉的金，因此亦可

言是由未成熟，轉而變成了成熟，也由不值錢變成值錢，亦從丙申的外在能量，變成無形的福蔭，而且丙申年、丁酉月是為化進神，故其力量是很強的。

這也就是在以上五個日期與時辰中，會選擇丙申年、丁酉月、甲寅日、戊辰時的原因。譬如如要選擇剖腹生產時辰，基於生產時間因素，不可能有如上述，那麼多的時辰可以選擇，且尤甚者是日期相差近六十日之遙，故綜合考量後就會選擇丙申年、丁酉月、甲寅日、戊辰時。

一般傳統上言三合者，只要其中有二個以上為合者，就代表都是有合的關係存在，如三會者(寅卯辰、巳午未、申酉戌、亥子丑)以寅辰二者而言，由寅到辰必須經過卯，因此兩者間是暗藏了卯，傳統稱「拱」，而寅卯辰是代表木很旺，故只有寅辰時也是代表木很旺，因為他們二者間已實際暗藏了卯，此法稱之為「拱」，寅辰拱卯，而木旺代表樹木是順利成長且能夠開花結果，因此代表本身工作是非常的平順。

但一般而言甲寅還是不喜申酉太多，因丙申年與丙申月兩者，對於甲寅還是有壓力存在，故這裡只是

針對戊辰時辰而言，另外也要知道酉日或酉年生之人，所擇時辰也不要用到午未申的時辰，而且年與月是很難掌控，在日也有類似現象，而且日本身也是沒有溫度，所以在擇日時，最要考慮的還是時辰，因為也只有時辰才有溫度，所以選擇日期，是針對日辰與時辰。

在傳統上認為，甲寅年出生之人要坐午方，認為當寅有午時，就可以得到能量，且又有三合（寅午戌）所以認為是最佳方位，但在大自然的氣場中，火旺驅動庚申金，如此就會來劈甲寅（兩者之間有天剋地沖情形），要知道此方位是陽氣最旺之地，故庚申劈甲寅木的力道也是最強，何以明明有此狀況存在，但傳統的堪輿學者，還是認為此方位最佳，是大吉大利，這就是傳統陰陽宅堪輿的一種迷失，主要的是沒有看見大自然所暗藏之氣。

要瞭解我們平時所見之氣，只是表面之氣而已，因為沒有發現大自然的真理，因此堪輿學者就有了不同見解，最後導致不同派別產生，所以當事者到底要以誰為準呢？故在風水地理堪輿上，以老師個人見解，認為自己喜歡的就是最好的，也就是當自己對其他方位、日期有顧慮時，就選自己認為最好方位或時

間為之。

　　前曾有一例用甲寅日、庚午時作為下葬時間的人士，其後續接任事業的兄弟子孫，都相繼發生傷亡情形，此種情形到底是何原因？由甲寅日、庚午時的象就可以發現，午為火而火屬三角形，庚為金為金屬，震為雷為木，三角金屬後有火又有大的聲響，因此有開槍射擊之象，另外震木也代表長男也為木，因此就有金剋木現象，而木受傷是代表手腳受傷，所以有不良於行現象，因此由上述的現象，就可言此亡者本身為長男，且死前是不良於行且有槍擊行為。

　　後來其事業由其二弟承續，但不到一年其二弟亦亡故，接著由三弟承接，目前也是在癱瘓之中，何以會有此現象，因為甲寅木同柱是為比肩，而比肩是代表兄弟，故兄弟之間就會受此力量牽引，所以事業最好由外人來承接，那就不會引動此氣，這種午火驅動庚金劈甲寅木的情形，即是我們所看不到，另外一面的大自然之氣，這與前述甲寅年出生之人，要坐午方格局意義相同，但在傳統學術上認為庚金因為有火來剋，所以不為凶，反而是寅午戌三合的大吉，所以老師個人認為，擇日用大自然的原則，如此如產生誤差也會是最少，相對準確度也會提高，且速度也會比較

快，若有所失誤損失也會降至最低。

四、先天易數占驗要訣（可參考老師所著萬年曆 19 頁先天易數占驗要訣及 368 頁挨數盤）

（一）先天易數占驗架構

先天易數占驗法則，是先賢（據傳是邵雍）將六十四種現象，分別放在八卦圖上，然後運用先後天八卦交錯的原理，成了五百一十二條卦詩來占驗解析，所以先天易數是按伏羲、周文王，先後天的卦理配合組合而成，其方法是先將先後天卦分為天盤（先天卦）與地盤（後天卦），並將乾一、兌二、離三、震四、巽五、坎六、艮七、坤八先天八宮卦位的順序，分別填入先後天卦的卦位（即河洛圖書之卦位），接著將六十四種現象，分別歸入天盤與地盤的每卦之中（如附圖一、二）。

如此每卦就各主卜卦之事八件，然後再將天地二盤相合，先天八卦用數，後天八卦用卦（如附圖三），依順時鐘方式挨數推進，如此就可得五百一十二條卦詩中之一條（參考老師所著萬年曆 199 頁五一二卦詩條文），如此除可知占卦者所占之事項外，並可以此條文作為解析與推論，這即是所謂先天易數（天書）占驗。

附圖一、先天盤各卦所主事項表

卦名	所主註卜卦事項
乾	命運、招婿、取討、進學、讀書、請醫、晴雨、科舉
兌	會事、父病、天花、買屋、謀事、病症、分家、移居
離	開店、放賬、借財、買畜、求財、賭博、回鄉、墳塋
震	入贅、夜夢、捕漁、出行、求子、口舌、秋收、店面
巽	生意、解糧、見貴、起造、脫貨、訴狀、文憑、春蠶
坎	納監、六甲、娶妾、和事、陞遷、尋人、求婚、交易
艮	家信、討僕、買貨、置田、納吏、告狀、跟官、求官
坤	家宅、解人、行人、走失、壽元、手藝、合夥、失物

附圖二、後天盤各卦所主事項表

卦名	所主註卜卦事項
乾	移居、求財、壽元、晴雨、陞遷、脫貨、田產、秋收
兌	尋人、進學、家信、會事、尋館、見貴、家宅、借財
離	求子、讀書、合夥、納監、納吏、謀事、買畜、春蠶
震	出行、開店、失物、告狀、解糧、和事、取討、父病
巽	置產、婚姻、走失、買貨、起造、招婿、回鄉、捕漁
坎	生意、命運、求官、夜夢、行人、分家、放賬、六甲
艮	交易、病症、入贅、手藝、跟官、請醫、文憑、墳塋
坤	娶妾、口舌、科舉、賭博、討僕、訴狀、解人、天花

附圖三、後天八卦方位與先天八宮卦位之數挨
　　　數盤位表

（二）先天易數占驗使用方法

1 取數：

　　首先請欲占問之人，在心中默念：「恭請伏羲、文王、周公、孔子、鬼谷先師、神農大帝、以及列位神君」，今日因問某事，欲透過「先天易數盤」來解析，其是非曲直能顯現於先天易數盤上。默念完畢後請其報數目字（也可用拈米粒、寫字筆劃數、抽牌卡等方式），取數原則以一至八為基數，超過八者除以八或減八的倍數，視餘數為用，如數目為 20，其除以八為 2 餘 4，以 4 為用（若整除、餘數為 0 是代表為八），此數為第一個數目，稱之為「百位數」。

2、對事取卦：

　　取數完畢後請占問之人，將要問的事項於先天盤各卦所主事項表（附表一）與後天盤各卦所主事項表（附表二），找出是屬在何卦，然後將此百位數字，分別擺在附表三後天八卦方位與先天八宮卦位之數挨數盤位表上，接著由所擺放數目字之卦，順推起算（含本卦）至該數目止為止，先推演先天盤之數，所得該宮卦之數，稱之為十位數，然後推演後天盤，所得該宮卦之數，稱之為個位數，將上項取得之數目，依百位數、十位數、個位數組合即成完整條目，然後依此條目查對五百一十二條卦詩，如此便可依該條目

卦詩，分析問事吉凶。有關先後天盤各卦所主事項
表，表內所說之卦事，可查對老師所著萬年曆頭頁。
如二兌三離的謀事代表計劃、求職，異動餘類推。

　　另外在卦詩條目（萬年曆 209 頁）第 436 條言「卦
占未濟兩重財」，其中卦名之由來，是由十位數與個
數之數所構成，因百位數 4 是抽出牌卡，而 3 與 6 是
演算出來，3 為離卦在上，而 6 為坎卦在下，所以就
成為火水未濟卦，而未濟也代表是無限量，只要積極
就可產生庚辛金，所以此卦有庚金辛金，而庚辛都是
火的財星，所以才稱之為兩重財，又如 442 的歸妹，
4 為震卦在上，而 2 為兌卦在下，所以稱之為雷澤歸
妹卦，故詩文中有卦名者都是十位數與個位數組合而
成。

（二）　案例說明：（以抽牌方式為例）

例一：先天盤為巽卦、後天盤為艮卦、抽出牌卡為六
　　　請占問者先依上式方式默念（事先不用告知解卦
者占何事項），默念後請其抽出牌卡，所抽牌卡為六，
此六數目即代表百位數，接著找出**先後天盤各卦所主
事項表**中欲占問事項對應之卦，經查確認占問對應事
項，在**先天盤為巽卦在後天盤為艮卦**，然後將百位數
六擺於，**後天八卦方位與先天八宮卦位之數挨數盤位**

表，**巽卦及艮卦之位**，由先天巽卦先行起算（含本卦）一為巽、二為離、三為坤、四為兌、五為乾、六為坎，所以是止於坎卦，而坎卦在**先天八宮卦位之數為六**，所以第二個數字為六，此數字代表十位數，接著再由後天艮卦起算（含本卦），為艮一、震二、巽三、離四、坤五、兌六，所以是止於兌卦，而兌卦在**先天八宮卦位之數為二**，所以第三個數字為二，此數字代表個位數，將數目字依百、十、個位數組合即成六六二，然後依此數目。

　　查對五百一十二條卦詩第六六二條條目，即得其卦詩條文「領文簽約至先難，不破文書心不安，要忌小人多阻隔，必須破費得周全」，如此就可以此條文解析，同時由條文字義，解卦者約略就可瞭解，占問者欲問之事，此條文如問租屋，代表在過程之中會有一些阻礙（如押金、裝修、維護等種種事項），合約內容與原先所想有所差距，且感覺上好像是被限制，另外文書也代表印星，故有與原來預設使用的屬性有些不同，而且屋主是比較會計較的，所以如要租得此屋，就必須多花費一些金錢。

例二：先天盤為乾卦、後天盤為艮卦、抽出牌卡為三
　　依如上述抽出牌卡為三，此數目即代表百位數，

然後由先天乾卦起算（含本卦）乾一、坎二、艮七，所以是止於艮卦，而艮卦在**先天八宮卦位之數為七**，所以十位數為七，接著由後天艮卦起算（含本卦），艮一、震二、巽三，所以是止於巽卦，而巽卦在**先天八宮卦位之數為五**，所以個位數為五，將數目依百、十、個位數字組合為三七五，查對卦詩條目第三七五條目。

詩文為「醫藥無踪且慢醫，鬼臨世位有蹊蹺，淹淹疾病遲遲癒，求得神藥卻無助。」，如問請醫開刀則是可以，因為代表用藥是無效的，而是要透過開刀方式來根治，而且 3、7 為庚金也代表有去除作用，是可去除增生東西。再從 375 而言 3 代表 5 的印星，而 7 代表刀，所以說透過刀，可以使其恢復健康。（卦文中疾病代表鬼，而鬼也代表正官七煞，世位為要問之主體，而應代表對應之事）。

例三：先天盤為震卦、後天盤為離卦，抽出牌卡為八

　　　　牌卡為八即代表百位數，然後由先天震卦起算（含本卦）是止於艮卦，而艮卦在**先天八宮卦位之數為七**，所以十位數為七，接著由後天離卦起算（含本卦）是止於巽卦，而巽卦在**先天八宮卦位之數為五**，所以個位數為五，數目字組合是八七五，查對卦

詩第八七五條目。

　　詩文為「求子占之卦有缺，六爻無福只徒然，花多子少皆由命，娶妾空無子息添」，一般如代他人問卦，必須有獲得其委託，如此會比較靈驗，如問自己或子女就可直接問，詩文花代表女孩，而子為男孩，所以是女孩多而男孩少的情形，而此卦象顯示如要改變，就須更換床位或房間，因為在原來卦象是沒有結果，在傳統上植物若只開花不結果，就會以釘子釘上，目的是在讓其產生危機感，因此就會想要儘快傳宗接代，以延續其物種生存，借此現象為用，可在使用的皮夾或手提包內，放置鐵釘或竹碳，如此就有出丁及蔓延之象。

宇宙間的符號(易經三)第十六講(2016/06/22)

一、大運於歲數上的定位

　　一般在大運批注上一柱為十年，為一大運，但在這一柱當中，是分由天干與地支組成，因此就含蓋了天干與地支，而二者何者為重，那就端看擇命老師自己所認知的了。

　　以老師自己研究心得，則是地支大於天干力量，譬如說天干甲而言，其可能會遇上地支的子，寅、辰、午、申、戌，如甲遇子，雖是水來生木但其力量只有+4，而遇寅時是+6，但遇申則為0（詳細上可查老師所著萬年曆第23頁的十二長生表），甲遇午能量只有2，是為十二長生的死位，為甲木被茂盛的乙、卯木枝葉所遮蔽；甲遇申如化為卦，是為雷天大壯卦☳☰，而大壯卦在易經雜卦傳言：「大壯，止也」，因此是甲木停止成長，而停止成長之時，也就是長得最高最大之時，即是長到了極點之意，由此可以推演八字有甲申之人，如個子比較高，就容易有跌倒受傷情形。

　　其象也就是甲木容易受到申金影響與約束，故在處事方面也比較戰戰兢兢，所以說甲木在申時是受阻、是沒有能量，但表面上看很壯盛，故感覺上是很

不錯，但其實很容易為申金所劈，所以大壯在「止」之意，即表示要知足，凡事適可而止，而甲遇子是水遇木，代表尚在寒冬，故尚不凸顯，當到了寅時，甲木慢慢的產生生機（乙木則是遇辰才比較茂盛，而在子之時則是在凋零），因此八字火過旺之人（八字中有午、未、申者稱之），老師都用甲寅來降溫的道理即在於此。

若木的根基不穩就會用甲辰，因為辰也可以讓申的氣焰降低，同時乙卯是可以牽絆庚申，修護甲木，又如八字亥水過多，或寅亥合的屯住，就會用丙午或丙巳其道理也在於此，但在傳統學術上認為寅屬木有木來生火，如此八字會過量而沒有辦法平衡，其實這是取用神錯誤（註一）。

但在大自然邏輯當中在寅時，是一天當中最冷的時辰，所以火過旺尤其是午未合（尤其是未月的午時、午月的未時），就必須用寅來降溫，所以在甲所遇格局中會以甲辰最佳，因辰時溫度不高且有穩定的根基，然後是甲寅，其餘都不及於此二者，由此可知一柱是由天干地支二者組成，由此二者來主宰這一個時段，但須注意這一柱時間也須配合流年，而非單獨天干或地支。

二、易卦動爻後卦之變化及其運用方式

　　易卦動爻後卦之變化所言者，即是本卦爻動後所形成的卦，即所謂的「之卦」，以及由「之卦」所形成互卦、序卦、綜卦等等錯綜復雜的變化關係稱之，現以乾卦九二爻之變化來說明，九二「見龍在田，利見大人」，此爻代表龍由地底之下，變成在己土之位，「在 2016/05/29 第十二講第三項乾卦各爻解析已說明，此處用『田』字與『利見大人』，是因為本身代表丁火，丁己長生在酉，所以此處剛好符合現龍在田，而此田就是代表己土」。

　　而利見大人代表乾卦的第二爻一動，就變成了火的能量，而此火即代表丁己長生在酉，所以丁代表大人，但丁與丙所代表大人是不同的，丙的大人是代表第五爻，飛龍在天的利見大人，是代表能有成就到達君位，是因有好的部屬，責任分工且此時須要照顧好的部屬，而九二爻的利見大人，是指時機已現，因此開始長生，故此時必須跟對有能力的人，如此自己的能力方能被見，才有機會能成機而起，由此可見這是由乾卦☰☰本卦，一動而成乾之天火同人卦☰☲，此一變化的屬性簡稱為「之卦」，也就是爻變之後而新形成的卦，平時一般的論斷時，即用之卦邏輯來做解析，這也是目前學者對卦、爻的解析、使用方法。

　　因此之卦就是論卦的主體，然而卦的變化是有一定的脈絡，因此之卦也有卦變，即之卦的變化過程；天火同人卦是由乾卦開始，到達天火同人卦時，代表形成一個結果，然而欲達成天火同人卦結果論，是經過無數的作為才能達成，也就是說須經過之卦的錯綜複雜變化，譬如經過錯卦（也可稱之為對卦，即陽爻變陰爻，陰爻變陽爻）地水師卦 ䷆ 的正反思考作為，上下交易卦（火天大有 ䷍ 卦）之不同立場的斟酌，上互卦、下互卦、中互卦、上上互卦、下下互卦，等等不同作為或思考邏輯過程（一般而言在使用上，大都是以中互卦為主，即由二、三、四、五爻重新組成之卦，以天火同人卦 ䷌ 而言，其中互卦為天風姤卦 ䷫ ），最後才能達成此天火同人目標。

三、易經十翼簡要說明

　　十翼指附於乾坤兩卦之後的文言，上下經之大、小象傳，上下經之象傳，繫辭傳上下傳、說卦傳、序卦傳、雜卦傳等七種統稱。

（一）大象傳意涵（以乾卦為例）

　　大象傳是納本卦的六個符號（六爻），即在各卦「象傳」之後的象曰者即是大象傳，但乾坤兩卦則在卦辭，及各爻爻辭小象傳之後（小象傳指各爻爻辭之後的象曰），當然也是在乾卦「象傳」之後，所以「天

行健,君子以自強不息」,即是乾卦的大象傳,其意義是代表乾卦的陽剛之氣在運行,也代表是一種行動力,而『健』字也是代表乾之意,所以「天行」二字,是代表乾卦上下卦的組合,即天代表上卦,而行代表下卦,因此整體而言『天』並非是靜態,而是具有行動力、執行力的,他是有陽剛之氣,是不時在運轉的。

簡而言之「天行」兩個字,一個是代表天,另一個可以說是代表火的能量,也就兩個字,是離乾同一氣(離乾先後天同位),也因為本身暗藏火的能量,因此以「行」字來代表,所以行也有代表火的意涵,而君子以自強不息,是代表因有火驅動,因此可以不時的在運轉,而「君子」二字是代表懂得進德修業的學易之人,因此學易之人必須效法天道,效法乾離永不停止的精神與事項,這就是大象辭意涵與運用的方式,同時大象辭也是解釋本卦之卦象,如何透過此來效法、應用、解決、改變、化險為夷;卦辭是解釋卦的意涵、作用。

(二)小象傳意涵(以乾卦為例)

所謂的小象傳是專指在各爻爻辭之後的象曰,他是針對各爻爻辭來做解釋,如九二爻辭為「見龍在田,利見大人」。象曰「見龍在田,德施普也」,後面象曰

即是所謂的小象辭，此小象辭即再深入解釋爻辭，其意仍指此爻暗藏了火的能量，而此能量德性必須能夠孕育大地。

　　在大象辭而言是卦的解決之道，同時也在解釋卦象（卦的陰陽符號）、卦名，以乾卦而言是在解釋乾卦的六個陽爻上下卦的組合及乾為天之卦名。而卦辭元、亨、利、貞是解釋本卦的精神。當然在後來的研究者，因諸家解釋或許就會有所不同，而形成「治絲益棼」以致越裡越亂的情形。

（三）象傳（以乾卦為例）

　　乾卦象傳：「大哉乾元，萬物資始，乃統天。雲行雨施，品物流形。大明始終，六位時成，時乘六龍以御天。乾道變化，各正性命，保合太和，乃利貞。首出庶物，萬國咸寧。」他是在重新解釋乾卦卦名，卦辭元、亨、利、貞與卦德。然而從乾卦「象傳」的解釋，可以發現其與卦辭、爻辭解釋，又形成了相互交錯逆佈情形（請參考 2016/05/29 第十二講第三項乾卦各爻解析）；由此可知要瞭解易經各卦意涵，也是要透過順逆之道變化交互作用，才能熟知易卦之理。

（四）繫辭傳

繫辭傳則是《易經》的重點提示與解析，也可說是易經的大綱或綱目，繫辭傳分為上、下二傳，另外在繫辭上傳第九章大衍之數，就在解釋利用五十根蓍策，廣演天地的占卜之法，所以《易經》可以透過卜卦方式，而可以引起人們學習《易經》的樂趣，而占卦方式如一般事項，當然可以用不同方式來取卦（如米卦、豆卦、金錢卦、或是抽卦方式），但是如果是重大決策，或是國家大事，就必須透過大衍之數來占卜，因為透過此方法代表上天若有所指示，也是經過相當考量才給與的，而非急就章的方式而成之。

在老師個人認知上，對於任何個人或團體占問國家大事都不確實際的，其占問之事只能說是占問人與國家社會間的關係罷了，若以宮廟寺而言也只是該鄉鎮運勢而已，也就是該宮廟所轄地區，或是其所屬信徒運勢，因為他們都非是國家的領導人，所以說個人所卜的只是個人家運，而企業行號者也是只有該單位運勢，也就是個人與此單位的關係，故卜卦之時在定位上就必須準確，很多人都陷入了定位錯誤導致錯誤見解。

附註：繫辭上傳第九章「天一地二，天三地四，天五地六，天七地八，天九地十。天數五，地數五，五位相得而各有合。天數二十有五，地數三十，凡天地之數，五十有五，此所以成變化，而行鬼神也。大衍之數五十，其用四十有九。分而為二以象兩，掛一以象三，揲之以四以象四時，歸奇於扐以象閏。五歲再閏，故再扐而後掛。乾之策，二百一十有六；坤之策，百四十有四，凡三百有六十，當期之日。二篇之策，萬有一千五百二十，當萬物之數也。是故，四營而成易，十有八變而成卦。八卦而小成，引而伸之，觸類而長之，天下之能事畢矣。顯道神德行，是故可與酬酢，可與祐神矣。子曰：「知變化之道者，其知神之所為乎。」。

（五）說卦傳

「說卦傳」者在言設卦的由來，以及各卦的基本特性，對於喜歡占卜之人就須將說卦傳研究熟透，才可瞭解卦的基本特性及其代表意義，在說卦傳第七章以後各章節，即在說明每卦所代表物事及其基本特性，如乾健也；坤順也；震動也；巽入也；坎陷也；離麗也；艮止也；兌說也。

由說卦傳可以瞭解卦象變化因緣，如後天艮卦為

震卦之位，就是有生命的東西，透過了震動而能突破高山之土而出。另外木的成長還是須要有溫度磁場，也就是要火的能量，因此後天的震木在先天的離位，然後由震木變成巽木，代表造就了木的成長，而木的成長就須有先天的沼澤水氣，這些現象就是透過了說卦傳而來。

（六）序卦傳

「序卦傳」則是在說明卦之排序原由與邏輯，最始的連山易與歸藏易其排列方式並非如此，這是自進化為《周易》以後的排列方式，有其另一層的意義及演化過程的道理。而雜卦傳的卦序與《周易》的卦序又有不同意涵。

（七）雜卦傳

「雜卦傳」就是利用最簡單一個字或二個字，來銓敘整個卦的內涵，如乾剛坤柔。比樂師憂。臨、觀之義，或與或求。因此「雜卦傳」是易卦最精簡的解說，且是一針見血，就如師卦何以憂，因地水師卦▦▦是水來割土，他何時會把土地淘空，大家並不知道，所以會有產生憂慮，此卦是己土與壬水組合，由己角度壬水是他的財星，由此卦角度也可以瞭解，有了錢財之後也是會有煩惱，也不是一件很快樂的事，

反之如果整天與這些人互動，雖然有一些責任但此並不會加注太多的義務，那也就是一件快樂的事，因為他又形成官星組合的水地比卦☵☷。

　　又如豐卦☳☲言多故，代表過於亮麗也會有所折損，很多事情就變成陳年往事了；火山旅卦☲☶則言親寡，代表整天在外奔走，就疏忽了家庭與親情；離上而坎下也，代表火向上延燒，而水往下流；而需為等待，等待者即不在前進，故需不進也；而訟代表互告或說一大堆理由，那彼此就不會親近，故言不親；而山火賁卦☶☲為無色，是代表沒有顏色，也就是潔白純靜，沒有自己或其他的想法之意，是來至於外在給予的能量加持。

　　綜上可知「雜卦傳」是用一個最簡單的字，即代表了一個卦的另一意涵。

太乙（天易）老師經歷簡介

經歷：79年成立太乙三元地命理擇日中心，開始從事命理諮詢、陽宅、風水、堪輿服務，目前積極從事推廣五術教育，用大自然觀象法理論教學及諮詢服務。

現任：台南市救國團命理五術指導老師
　　　台南市國立生活美學館（前社教館）授課老師
　　　附設長青生活美學大學（前社教館）授課老師
　　　高雄市救國團(高雄學苑)命理八字　指導老師

太乙（天易）老師著作簡介

◎七九年統一日報命理專欄作家，著作「果老星學祕論」
◎八十年著作中原時區陰陽對照萬年曆，文國書局出版
◎九九年十月著作的中原時區陰陽對照彩色版萬年曆
◎一百年八月著作「窮通寶鑑評註」，筆名：太乙。
◎一百年十月著作「八字時空洩天機-雷集」。雅書堂
◎一零一年三月出版「八字時空洩天機-風集」。雅書堂
◎一零一年七月出版「史上最便宜、最豐富、最實用彩色精校萬年曆」易林堂。以下都由易林堂文化出版
◎一零一年八月出版《教您使用農民曆》易林堂出版
◎一零一年九月出版《教您使用農民曆及紅皮通書的第一本教材(上冊)》。易林堂文化出版
◎一零一年十一月《解開神奇數字代碼一》易林堂
◎一零一年十二月《解開神奇數字代碼二》易林堂
◎一零二年元月《八字十神洩天機-上冊》易林堂
◎一零二年七月《八字決戰一生/生肖占卜篇上、下冊》
◎《八字決戰一生/生肖占卜下冊專解篇DVD教學》
◎一零二年九月《八字決戰一生/先天易數白話專解篇》
◎一零三年四月《八字十神洩天機-中冊》易林堂
《八字決戰一生》系列全套書籍，陸陸續續出版中
◎一零三年九月出版「八字時空洩天機-火集」雅書堂
◎一零五年三月《宇宙間的符號:將難經變為易經一、二輯》
◎一零六年四月《宇宙間的符號:將難經變為易經三、四輯》